文通天下

突 破 认 知 的 边 界

民国大师
家风学养课

蔡元培 著

学 养

光明日报出版社

图书在版编目（CIP）数据

学养 / 蔡元培著 . -- 北京 : 光明日报出版社，
2024.4
（民国大师家风学养课 / 廖淼焱主编）
ISBN 978-7-5194-7836-0

Ⅰ.①学… Ⅱ.①蔡… Ⅲ.①蔡元培（1868-1940）
—教育思想 Ⅳ.① G40-092.6

中国国家版本馆 CIP 数据核字 (2024) 第 056121 号

学养
XUE YANG

著　者：蔡元培			
责任编辑：徐　蔚		责任校对：孙　展	
特约编辑：胡　峰　何江铭		责任印制：曹　净	
封面设计：于沧海			

出版发行：光明日报出版社

地　　址：北京市西城区永安路 106 号，100050

电　　话：010-63169890（咨询），010-63131930（邮购）

传　　真：010-63131930

网　　址：http://book.gmw.cn

E - mail：gmrbcbs@gmw.cn

法律顾问：北京市兰台律师事务所龚柳方律师

印　　刷：天津鑫旭阳印刷有限公司

装　　订：天津鑫旭阳印刷有限公司

本书如有破损、缺页、装订错误，请与本社联系调换，电话：010-63131930

开　　本：146mm×210mm		印　　张：6.5
字　　数：165 千字		
版　　次：2024 年 4 月第 1 版		
印　　次：2024 年 4 月第 1 次印刷		
书　　号：ISBN 978-7-5194-7836-0		
定　　价：49.80 元		

　　蔡元培（1868—1940），字鹤卿，号子民。浙江绍兴人。清光绪进士，翰林院编修。发表《对于教育方针之意见》，主张教育应从造成现世幸福出发，而以达到实体世界（即观念世界）为最终目的。1917年任北京大学校长，使北大成为新文化运动的发祥地。蔡元培一生主张教育救国，认为唯有思想文化的革命，才能真正推动中国社会的变革。

五育并举　完全人格

目
录

教育者，非为已往，非为现在，而专为将来。

I

与其守成法，毋宁尚自然；
与其求划一，毋宁展个性。

第三章 世界观与人生观

美育者，与智育相辅而行，以图德育之完成者也。

III

要有良好的社会，必先有良好的个人，要有良好的个人，就要先有良好的教育。

教育者，非为已往，非为现在，而专为将来。

第一章

教育的目标

就任北京大学校长之演说

　　五年前，严几道先生为本校校长时，余方服务教育部，开学日曾有所贡献于学校。诸君多自预科毕业而来，想必闻知。士别三日，刮目相见，况时阅数载，诸君较昔当为长足之进步矣。予今长斯校，请更以三事为诸君告。

　　一曰抱定宗旨。诸君来此求学，必有一定宗旨，欲求宗旨之正大与否，必先知大学之性质。今人肄业专门学校，学成任事，此固势所必然。而在大学则不然，大学者，研究高深学问者也。外人每指摘本校之腐败，以求学于此者，皆有做官发财思想，故毕业预科者，多入法科，入文科者甚少，入理科者尤少，盖以法科为干禄之终南捷径也。因做官心热，对于教员，则不问其学问之浅深，惟问其官阶之大小。官阶大者，特别欢迎，盖为将来毕业有人提携也。现在我国精于政法者，多入政界，专任教授者甚少，故聘请教员，不得不聘请兼职之人，亦属不得已之举。究之外人指摘之当否，姑不具论，然弭谤莫如自修，人讥我腐败，而我不腐败，问心无愧，于我何损？果欲达其做官发财之目的，则北京不少专门学校，入法科者尽可肄业于法律学堂，入商科者亦可投考商业学校，又何必来此大学？所以诸君须抱定宗旨，为求学而来。入法科者，非为做官；入商科者，非为致富。宗旨既定，自趋正轨，诸君肄业于此，或三年，或四年，时间不为不多，苟能爱惜光阴，孜孜求学，则其造诣，容有底止。若徒志在做官发财，宗旨既乖，趋向自异。平时则放荡冶游，考试则熟读讲义，不问学问之有无，唯争分数之多寡；试验既终，书籍束之高阁，毫不过问，敷衍三四年，潦草塞责，文凭到手，即可借此活动于社会，岂非与求学初衷大相背驰乎？光阴虚度，学问毫无，是自误也。且辛亥之役，吾人之所以革命，因清廷官吏之腐败。即在今日，吾人对于当轴多不满意，亦以其道德沦丧。今诸君苟不于此时植其基，勤其学，则将来万一因生计所迫，出而任事，担任讲席，则必贻误学生；置身政界，则必贻误国家。是误人也。误己误人，又岂本心所愿乎？故宗旨不可以不正大。此余所希望于诸君者一也。

二曰砥砺德行。方今风俗日偷，道德沦丧，北京社会，尤为恶劣，败德毁行之事，触目皆是，非根基深固，鲜不为流俗所染。诸君肄业大学，当能束身自爱。然国家之兴替，视风俗之厚薄。流俗如此，前途何堪设想。故必有卓绝之士，以身作则，力矫颓俗。诸君为大学学生，地位甚高，肩此重任，责无旁贷，故诸君不惟思所以感己，更必有以励人。苟德之不修，学之不讲，同乎流俗，合乎污世，己且为人轻侮，更何足以感人。然诸君终日伏首案前，芸芸攻苦，毫无娱乐之事，必感身体上之苦痛。为诸君计，莫如以正当之娱乐，易不正当之娱乐，庶于道德无亏，而于身体有益。诸君入分科时，曾填写愿书，遵守本校规则，苟中道而违之，岂非与原始之意相反乎？故品行不可以不谨严。此余所希望于诸君者二也。

三曰敬爱师友。教员之教授，职员之任务，皆以图诸君求学便利，诸君能无动于衷乎？自应以诚相待，敬礼有加。至于同学共处一室，尤应互相亲爱，庶可收切磋之效。不惟开诚布公，更宜道义相勖，盖同处此校，毁誉共之。同学中苟道德有亏，行有不正，为社会所訾詈，己虽规行矩步，亦莫能辨，此所以必互相劝勉也。余在德国，每至店肆购买物品，店主殷勤款待，付价接物，互相称谢，此虽小节，然亦交际所必需，常人如此，况堂堂大学生乎？对于师友之敬爱，此余所希望于诸君者三也。

余到校视事仅数日，校事多未详悉，兹所计划者二事：一曰改良讲义。诸君既研究高深学问，自与中学、高等不同，不惟恃教员讲授，尤赖一己潜修。以后所印讲义，只列纲要，细微末节，以及精旨奥义，或讲师口授，或自行参考，以期学有心得，能裨实用。二曰添购书籍。本校图书馆书籍虽多，新出者甚少，苟不广为购办，必不足供学生之参考。刻拟筹集款项，多购新书，将来典籍满架，自可旁稽博采，无虞缺乏矣。今日所与诸君陈说者只此，以后会晤日长，随时再为商榷可也。

1917 年 1 月 9 日讲

对清华学生之希望

两种感想　鄙人今日参观贵校，有两种感想：一为爱国心，一为人道主义。……此二感想，同时涌现于吾心中。夫国家主义与人道主义，初若不相容者，如国家自卫，则不能不有常设之军队。而社会之事业，若交通，若商业，本以致人生之乐利。乃因国界之分，遂反生种种障碍，种种垄断。且以图谋国家生存、国力发展之故，往往不恤以人道为牺牲。欧洲战争，是其著例。吾人对现在国家之组织，断不能云满意，于是学者倡无政府主义，欲破坏政府之组织，以个人为单位，以人道为指归。国家主义与世界主义之不相容，盖如此矣。而何以在贵校所得之二感想，同时盘旋于吾心中？岂非以今日为两主义过渡之时代，吾人固同具此爱国心与人道观念欤？国家主义与世界主义之过渡，求之事实而可征。今日世界慈善事业，若红十字会等组织，已全泯国界。各国工会之集合，亦以人类为一体。至思想学术，则世界所公，本无国别。凡此皆日趋大同之明证。将来理想之世界，不难推测而知矣。盖道德本有三级：（一）自他两利；（二）虽不利己而不可不利他；（三）绝对利他，虽损己亦所不恤。人与人之道德，有主张绝对利他，而今之国际道德，止于自他两利，故吾人不能不同时抱爱国之心与人道主义。惟其为两主义过渡之时代，不能不调剂之，使不相冲突也。

对清华学生之希望 吾人之教育，亦为适应此时代之预备。清华学生，皆欲求高深之学问于国外，对于此将来之学者。尤不能无特别之希望，故更贡数言如下：

一曰发展个性 分工之理，在以己之所长，补人之所短，而人之所长，亦还以补我之所短。故人类分子，决不当尽归于同化，而贵在各能发达其特性。吾国学生游学他国者，不患其科学程度之不若人，患其模仿太过而消亡其特性。所谓特性，即地理、历史、家庭、社会所影响于人之性质者是也。学者言进化最高级为各具我性，次则各具个性。能保我性，则所得于外国之思想、言论、学术，吸收而消化之，尽为"我"之一部，而不为其所同化。否则留德者为国内增加几辈德人，留法者、留英者，为国内增加几辈英人、法人。夫世界上能增加此几辈有学问、有德行之德人、英人、法人，宁不甚善？无如失其我性为可惜也。往者学生出外，深受刺激，其有毅力者，或缘之而益自发愤；其志行稍薄弱者，即弃捐其"我"而同化于外人。所望后之留学者，必须以"我"食而化之，而毋为彼所同化。学业修毕，更遍游数邦，以尽吸收其优点，且发达我特性也。

二曰信仰自由 吾人赴外国后，见其人不但学术政事优于我，即品行风俗亦优于我，求其故而不得，则曰是宗教为之。反观国内，黑暗腐败，不可救疗，则曰是无信仰为之。于是或信从基督教，或以中国不可无宗教，而又不愿自附于耶教，因欲崇孔子为教主，皆不明因果之言也。彼俗化之美，仍由于教育普及，科学发达，法律完备。人人于因果律知之甚明，何者行之而有利，何者行之而有害，辨别之甚析，故多数人率循正轨耳。于宗教何与？至于社会上一部分之黑暗，何国蔑有，不可以观察未周而为悬断也。质言之，道德与宗教，渺不相涉。故行为不能极

京师大学堂旧址。京师大学堂创办于1898年7月3日（1912年改名为北京大学），是中国第一所国立大学，其成立标志着中国近代高等教育的开端。京师大学堂是当时国家最高学府，也是当时中国最高教育行政机关，统管全国教育。

端自由，而信仰不可不自由。行为之标准，根于习惯；习惯之中，往往有并无善恶是非之可言，而社交上不能不率循之者。苟无必不可循之理由，而故与违反，则将受多数人无谓之嫌忌，而我固有之目的，将因之而不得达。故入境问禁，入国问俗，不能不有所迁就。此行为之不能极端自由也。若夫信仰则属之吾心，与他人毫无影响，初无迁就之必要。昔之宗教，本初民神话创造万物末日审判诸说，不合科学，在今日信者盖寡。而所谓与科学不相冲突之信仰，则不过玄学问题之一假定答语。不得此答语，则此问题终梗于吾心而不快。吾又穷思冥索而不得，则且于宗教哲学之中，择吾所最契合之答语，以相慰藉焉。孔之答语可也，耶之答语可也，其他无量数之宗教家、哲学家之答语亦可也。信仰之为用如此。既为聊相慰藉之一假定答语，吾必取其与我最契合者，则吾之抉择有完全之自由，且亦不能限于现在少数之宗教。故曰信仰期于自由也。明乎此，则可以勿眩于习闻之宗教说矣。

三曰服役社会　美洲有取缔华工之法律，虽由工价贱，而美工人不能与之竞争，致遭摈斥，亦由我国工人知识太低，行为太劣，而有以自取其咎。唐人街之腐败，久为世所诟病。留学生对于此不幸之同胞，有补救匡正之天职。欧洲留学界已有行之者，如巴黎之俭学会，对于法国招募华工，力持工价与法人平等及工人应受教育之议。俭学会并设一华工学校，授工人以简易国文、算术及法语，又刊《华工杂志》，用白话撰述，别附中法文对照之名词短语，以牖华工之知识。英国留学生亦有同样之事业，其所出杂志，定名《工读》。是皆于求学之暇，为同胞谋幸福者也。美洲华工，其需此种扶助尤急，而商人巨贾，不暇过问，惟待将来之学者急起图之耳。贵校平日对于社会服役，提倡实行，不遗余力，如校役夜课及通俗演讲等，均他校所未尝有。窃望常抱此主义，异日到美后，推行于彼处之华工，则造福宏矣。

1917 年 3 月 29 日讲
在清华学校高等科演说词，有删改

不肯再任北大校长的宣言

（一）我绝对不能再作那政府任命的校长：为了北京大学校长是简任职，是半官僚性质，便生出那许多官僚的关系，那里用呈，那里用咨，天天有一大堆无聊的照例的公牍。要是稍微破点例，就要呈请教育部，候他批准。什么大学文、理科叫作本科的问题，文、理合办的问题，选科制的问题，甚至小到法科暂省学长的问题，附设中学的问题，都要经那拘文牵义的部员来斟酌。甚而部里还常常派了什么一知半解的部员来视察，他报告了，还要发几个训令来训饬几句。我是个痛恶官僚的人，能甘心仰这些官僚的鼻息么？我将进北京大学的时候，没有想到这一层，所以两年有半，天天受这个苦痛。现在苦痛受足了，好容易脱离了，难道还肯投入去么？

（二）我绝对不能再作不自由的大学校长：思想自由，是世界大学的通例。德意志帝政时代，是世界著名开明专制的国，他的大学何等自由。那美、法等国，更不必说了。北京大学，向来受旧思想的拘束，是很不自由的。我进去了，想稍稍开点风气，请了几个比较的有点新思想的人，提倡点新的学理，发布点新的印刷品，用世界的新思想来比较，用我的理想来批评，还算是半新的。在新的一方面偶有点儿沾沾自喜的，我还觉得好笑。那知道旧的一方面，看了这点半新的，就算"洪水猛兽"一样了。又不能用正当的辩论法来辩论，鬼鬼祟祟，想借着强权来干涉，于是教育部干涉了，国务院来干涉了，甚而什么参议院也来干涉了，世界有这种不自由的大学么？还要我去充这种大学的校长么？

（三）我绝对不能再到北京的学校任校长：北京是个臭虫窠（这是民国元年袁项城所送的徽号，所以他那时候虽不肯到南京去，却有移政府到南苑去的计画）。无论何等高尚的人物，无论何等高尚的事业，一到北京，便都染了点臭虫的气味。我已经染了两年有半了，好容易逃到故乡的西湖、鉴湖，把那个臭气味淘洗净了。难道还要我再作逐臭之夫，再去尝尝这气味么？

我想有人见了我这一段的话，一定要把"我不入地狱，谁入地狱"的话来劝勉我。但是我现在实在没有到佛说这句话的时候的程度，所以只好谨谢不敏了。

附：爱蔡子民者启

右宣言闻尚是蔡君初出京时所草，到上海后，本拟即行宣布，后因北京挽留之电，有友人劝其婉复，免致以个人去留问题与学生所争政治问题，永结不解之缘，故有以条件的允任维持之电，后来又有卧病不行之电，均未将真意说出。闻其意，无论如何，决不回校也。鄙人抄得此宣言书，觉与北京各报所载启事，及津浦车站告友之言，均相符合，必是蔡君本意。个人意志自由，本不可以多数压制之，且为社会上留此一个干净人，使不与政治问题发生关系，亦是好事。故特为宣布，以备挽留蔡君者之参考焉。

爱蔡子民者启

1919年6月15日作

何为大学

今日为北京大学第二十二年的开学日。新到诸生差不多占四分之一。本来旧生所知道的，也当为新生申说大概。况此次学潮以后，外边颇有谓北京大学学生专为政治运动，能动不能静的。不知道本校学生这次的加入学潮，是激于一时的爱国热诚，为特别活动，一到研究学问的机会，仍是非常镇静的。外边流言，实是误会。但是，我们也不可不作"有则改之、无则加勉"的打算。所以，我现在把北京大学的教育方针说说，不但给新生指示趋向，也是为旧生提醒一番的意思。

诸君须知，大学并不是贩卖毕业证书的机关，也不是灌输固定知识的机关，而是研究学理的机关。所以，大学的学生并不是熬资格，也不是硬记教员讲义，是在教员指导之下自动的研究学问的。为要达上文所说的目的，所以延聘教员，不但是求有学问的，还要求于学问上很有研究的兴趣，并能引起学生的研究兴趣的。不但世界的科学取最新的学说，就是我们本国固有的材料，也要用新方法来整理他。这种标准，虽不是一时就能完全适合，但我们总是向这方面进行。又如图书、杂志、仪器、标本，研究学理上所必不可少的，我们限于经费，虽不能

爱国学社建于清光绪二十八年（1902），蔡元培任学校总理。其间，蔡元培与学生一起接受军训。蔡元培"亦剪发，服操服，与诸生同练步伐"，轮流做小队长，学习喊口令，他的这一举动对师生鼓舞很大。

一时购置完善，但也是逐年增加的。且既然认定大学是研究学理的机关，对于纯粹学理的文理科，自当先作完全的建设。我们因文理科尚有许多门类，为经费与地位所限，不能一时并设，所以，乘北洋大学同是国立，同有土木工科、采矿冶金科的关系，把工科归并北洋。即用工科的经费与教室、实验室，来扩充理科的一部分。研究学理，不可不屏除分心的嗜好，所以，本校提倡进德会，对于嫖赌的恶习，官吏议员的运动，是悬为戒律的。研究学理，必要有一种活泼的精神，不是学古人"三年不窥园"的死法能做到的，所以，本校提倡体育会、乐音会、书画研究会等，来涵养心灵。大凡研究学理的结果，必要影响于人生。倘没有养成博爱人类的心情，服务社会的习惯，不但印证的材料不完全，就是研究的结果也是虚无。所以，本校提倡消费公社、平民讲演、校役夜班与《新潮》杂志等，这些都是本校最注重的事项，望诸君特别注意。

抑本校很愿多延各国硕学来校讲授，惜机会很不易得。今年适值杜威博士来华游历，本校得博士与哥仑比亚大学校长的允许，得请博士留华一年，在本校讲授哲学，

这是很难得的机会。所以，今日特请博士演说，并先为
绍介。

1919年9月20日讲

北大第二十二年开学式演说词

学理的重要性

....

　　今日会中有学术研究会，学与术可分为二个名词，学为学理，术为应用。各国大学中所有科目，如工商，如法律，如医学，非但研求学理，并且讲求适用，都是术。纯粹的科学与哲学，就是学。学必借术以应用，术必以学为基本，两者并进始可。中国羡慕外人的，第一次是见其枪炮，就知道他的枪炮比吾们的好。以后又见其器物，知道他的工艺也好。又看外国医生能治病，知道他的医术也好。有人说：外国技术虽好，但是政治上止有霸道，不及中国仁政。后来才知道外国的宪法、行政法等，都比中国进步。于是要学他们的法学、政治学，但是疑他们道学很差。以后详细考查，又知道他们的哲学，亦很有研究的价值。他们的好处都知道了，于是出洋留学生，日多一日，各种学术都有人研究了。然而留学生中，专为回国后占地位谋金钱的也很多。所以学工业，预备作技师。学法律，预备作法官，或当律师。学医学，预备行医。只从狭义做去，不问深的理由。中国固然要有好的技师、医生、法官、律师等等，但要在中国养成许多好的技师、医生等，必须有熟练技能而又深通学理的人，回去经营，不是依样画葫芦的留学生做得到的。譬如吃饭的时候，问小儿饭从那里来的？最浅的答语是说出在饭桶里，进一步，说是出在锅子里，再进一步，说是出在谷仓里，必要知道探原到农田上，才是能造饭的，不是专吃现成饭的人了。求学亦然，要是但知练习技术，不去研究学术；或一国中，练习技术的人虽多，研究科学的人很少，那技术也是无源之水，不能会通改进，发展终属有限。所以希望留学诸君，不可忽视学理。

…………

1921年5月12日讲

在爱丁堡中国学生会及学术研究会

欢迎会演说词，有删改

自己去做研究

············

诸位要晓得，学生是最要紧的时期，也是最容易产生依赖心的时期。依赖心有多种：第一就是依赖年级制。因为横直是四年毕业，师范五年。用功的也是四年，不用功也是四年，就模模糊糊的鬼混了去，能够骗到一张毕业证书就算了事，一点没有进取心。监督的人宽一点，就大大养成了一种惰心。第二就是依赖考试。因为考试是升级的重要关头，一年级考得及格，就升二年级了，四年级考得及格，就能毕业了，那末，就想出混考试的方法了。这种方法，我很希望诸君引以为戒。因为平日是不去看它，一天一天的讲义堆积起来，到了考试时期将临了，就将那些讲义拿到教师面前，以为这样多的讲义，我们怎样预备？

于是向先生商量，要求范围，有了范围了，就拼命去用功。有许多学校，将考试的时候，往往停课温习考试去了，就像没有事情一般，讲义不知道早已放在那里，怎样急来抱佛脚的行为，往往弄出许多毛病来。对于自己，仍没有进益。况且功课是前后有关系，前头不明白，后面恐怕也难以明了。譬如学算术、读英文和旁的学科，统是一样。假使诸位要诚心求学，应该将早日的功课，切不可轻轻地抛过去。并且还有一种要留意，就是功课应该自己先去温习，或说是预备，将未曾教过的书，自己先去研究一下，后来先生教起来，容易明了。譬如初到绍县，对于绍县的道路，茫无头绪，虽则经过别人引导一次，但是第二次恐怕仍不大明了。这就是第一次走路的时候，脑袋里一点不去思考，也一点不去怀疑，以为从他就是了，可是第二次仍不知道。所以，未走以前，最好路线图看过，自己也记牢，就是第一次没有人引导，也恐怕不会错了。所以，功课自己先去看过，比先生讲一次的得益多，到了先生讲的时候，那就有头绪了。讲过后再去复习一次，那就不容易忘却了。像英文科，自己将生字先去查考出来，虽则一个字有时候有许多解法，自己不能断定，但是经过了一番自修，脑筋上总印着深深的痕迹。其他如矿物、植物、物理、化学等科，非机械的记牢不可。并非死依教科书就算了事，应该要和实物比较。

总之，无论什么科学，从比较而分，诸位实地去考察，得益恐怕胜过书本。既然要去实验，当然要许多仪器，还要想良教师指导和作业室、实验场。我晓得诸位定不满意学校如何不完备，如何不完善，这固然是不错。实在我们静静地想，起先，外国的发明家，他实在可说一点没有仪器，烟管当吹火管，家常所用的什物，就是他的仪器。可知研究科学，并非要如何如何才能可以研究。况且，诸位校里还有一点点、至少一点点的仪器。所以我劝诸位，研究科学，并非完全依赖仪器，实在也要自己去研究。

1923年6月6日讲
在绍兴五师五中女师联合大会的演说词，有删改

教育的目标

今日承市教育界诸君欢迎，极感愉快。

教育事业重要，已为各方所公认。但教育程度愈高愈妙，故由小学而中学，而大学，而研究院。惟欲高级教育昌明，则非使低级教育良好不可，所谓基础教育是。小学教育不良，则中学教育必不佳，大学更不能问，遑云研究院。若然，则普通教育实为各级教育之根本。

中国新教育事业，迄今不过三十年。在此三十年，而至今日，吾人能否指出某一校能满意？结果无论任何学校，均似太不完备。但如何而能良好，而能满意？言及于此，则非先有良好模范与榜样不为功。南京为首都之区，即榜样场所，此地能将教育办理完美，则他省亦受良好之影响；反是，则是影响他方教育之不良。余言至此，余认为今日之首都，普通教育职员，实负非常之责任。今日就余所知所觉者，认为人人对教育确有三点应特别注意，兹分别述之，以资贡献。

（一）养成科学头脑

余所谓养成科学头脑者，不但养成几许之科学家，而实希望教育家无论何地何时，对于任何事件，均以科学眼光观察之，思考之，断定之。余意任一事之结果，自己相信，决不盲从，务以科学有条理的方法去应付，然后方能不说乱话，不做错事。总理所著《三民主义》《建国大纲》等，皆依社会现象与国家环境，本科学手腕与各方法而著成。诸位信任三民主义，亦非强迫的与盲从的，盖凭科学方法观察之结果而信任之，服从之。国民政府现设大学院，院中设中央研究院，院中各种学科，如天文、地理、历史、教育、心理、美术、哲学等，皆依科学方法研究之，探讨之。研究之人，专召集各大学区之大学教授及大学高材生等。中、小学生虽无研究此高深学科之能力，但亦须慢慢养成此种科学头脑，以待将来之用。

（二）养成劳动习惯

人之动作，非仅凭脑，脑部之外，尚有手足。苟只凭用脑力研究学问而不劳力，则身体上不能获得平均之发达，以致年龄愈大，脑力愈衰。劳力者一字不识，仅以力量工作，有如蜂、蚁，结果恐永无进步。是故研究教育事业，必须脑力、劳力同时互用，否则不能有良好结果。一般文学家，往往有特殊脾气，其原因即系脑与力不能并用，身体发达不平均，致有此种流弊。孔子所谓应洒扫应对进退，即劳动之意。而今日学校中运动，本劳动之本旨。他如猫在幼时，常以爪为游戏，即将来捕鼠之预备工作；幼女抱小儿，即将来为人母之预备工作。凡此种种，均劳动之意也。至此，余乃忆及从前杜威博士在希腊办一师范学校，不上课，只作工。同时即利用此机，以运用教授方法。其所做工作，如缝衣、烹调、造饭等。而此种工作，必需调味料、动植物及布匹丝棉等，于是植物学、动物学、地理学、历史学、物理学、几何学、卫生学、化学等课程，随之而出。进一层言，脑力与劳动同时并进之好处，非独养成身体发达之平均，而最大关键，乃在打破劳动阶级与智识阶级之界限。现在上海办一劳动大学，内分两部：一部招收一般高级工业校毕业生入肄业，以工厂为学业，为生活；另设劳工补习班，以灌输相当智识给一般劳工。浙江亦有劳农学院，半工半读；乡间设夜班，或冬季班。凡此种种，均系实现教育之劳动习惯也。

（三）提倡艺术兴味

人生由小而长，而老，而死，苟无艺术之调和，则一世生活，真无兴趣之可言。孩提之童，信口歌唱，即美术上之天籁以口。教育方面之艺术，并不限于课程范围内，课程之外，如举动谈话，亦有美术兴趣。而美之重要条件，在复杂与条理。今有一物，外观建筑极为美观，但内部一无所有，殊少兴趣。又如南京之夫子庙，组织固复杂，但太散漫，亦不甚好。美术事业，重在合各派于一炉而支配之，如金陵大学、金陵女大、燕京、协和等大学，其建筑外观，均为宫殿式，所谓东方艺术；而内部则以西洋美术方法组织之。美术事业，又重在改良自己之固有者及改造环境现象为第一要义，不能盲从，更不可强人盲从。苟仅知描写模仿，而不知创造，则不配称之曰美术家。故艺术兴味，确为教育上第一要义。

以上三点，望到会诸位深思之。

1927年10月30日讲
在南京特别市教育局演说词

怎样才配做一个现代学生

　　一般似乎很可爱的青年男女，住着男女同校的学校，就可以算做现代学生么？或者能读点外国文的书，说几句外国语；或者能够"信口开河"地谈什么……什么主义和什么什么……文学，就配称做现代学生么？我看，这些都是表面的或次要的问题。我以为至少要具备下列三个条件，才配称做现代学生。

（一）狮子样的体力

　　我国自来把读书的人叫做文人，本是因为他们所习的为文事的缘故，不料积久这"文人"两个字和"文弱的人"四个字竟发生了连带关系。古时文士于礼、乐、书、数之外，尚须学习射、御，未尝不寓武于文。不料到后来，被一般野心帝王专以文字章句愚弄天下儒生，鄙弃武事，把知识阶级的体力继续不断的摧残下去；流毒至今，一般读书人所应有的健康，大都被毁剥了。羸弱父母，哪能生产康强的儿女！先天既虞不足，而学校教育，又未能十分注意体格的训练，后天也就大有缺陷。所以现时我国的男女青年的体格，虽略较二十年前的书生稍有进步，但比起东、西洋学生壮健活泼、生机勃茂的样子来，相差真不可以道里计。新近有一位留学西洋多年而回国不久的朋友对我说：他刚从外洋回到上海的时候，在马路上走，简直不敢抬头，因为看见一般孱弱已极、毫无生气的中国男女，不禁发生恐惧和惭愧的感觉。这位朋友的话，并不是随便邪说，任何人刚从外国返到中国国境，怕都不免有同样的印象。这虽是就普通的中国人观察，但是学校里的学生也好不了许多。先有健全的身体，然后有健全的思想和事业，这句话无论何人都是承认的，所以学生体力的增进，实在是今日办教育的生死关键。

现今欲求增进中国学生的体力，唯有提倡运动一法。中国废科举、办学校，虽已历时二十余年之久，对于体育一项的设备，太不注意。甚至一个学校连操场、球场都没有，至于健身房、游泳池等等关于体育上的设备，更说不上了。运动机会既因无"用武地"而减少，所以往往有聪慧勤学的学生，只因体力衰弱的缘故，纵使不患肺病、神经衰弱病及其它痼症而青年夭折，也要受精力不强、活动力减少的影响，不能出其所学贡献于社会，前途、希望和幸福就从此断送，这是何等可悲痛的事！

今日的学生，便是明日的社会中坚，国家柱石，这样病夫式或准病夫式的学生，焉能担得起异日社会国家的重责！又焉能与外国起起武夫的学生争长比短！就拿本年日本举行的第九届远东运动会而论，我国运动员的成绩比起日本来，几于处处落人之后，较可取巧的足球，日本学生已成我劲敌。至于最费体力的田径赛，则完全没有我国学生的地位，这又是何等可羞耻的事！

体力的增进，并非一蹴而企。试观东、西洋学生，自小学以至大学，无一日不在锻炼陶冶之中。所以他们的青年，无不嗜好运动，兴趣盎然。一闻赛球，群起而趋。这种习惯的养成，良非易事。而健全国民的基础，乃以确立。这种情形，在初入其国的，尝误认为一种狂癖，观察稍久，方知其影响国本之大。这是我们所应憬然猛省的。

外人以我国度庞大而不自振作，特赠以"睡狮"的怪号。青年们！醒来吧！赶快回复你的"狮子样的体力"！好与世界健儿，一较好身手；并且以健全的体力，去运用思想，创造事业！

（二）猴子样的敏捷

"敏捷"的意思，简单说起来就是"快"。在这二十世纪的时代做人，总得要做个"快人"才行。譬如赛跑或游泳一样，快的居前，不快的便要落后，这是无可避免的结果。我们中国的文化，在二千年前，便已发展到与现今的中国文化程度距离不远。那时欧洲大陆还是蛮人横行的时代。而美洲尚草莽未辟，更不用说。然而今日又怎样呢？欧洲文化的灿烂，吾人既已瞠乎其后，而美洲则更发展迅速。美利坚合众国立国至今不过一百五十四年，其政治、经济的一切发展，竟有"后来居上"之势。这又是什么缘故呢？这固然是美国的环境好，适于建设。而美国人的举动敏捷，也是他们成功迅速一个最大的原因。吾人试游于美国的都市，汽车、街车等等的风驰电掣不算，就是在大街两旁道上走路的人，也都是迈步直前，绝少左顾右盼、姗姗行迟，像中国人所常有的样子，再到他们的工厂或办事房中去参观，他们也是快手快脚的各忙各的事体。至于学校里的学生，无论在讲堂上、操场上、图书馆里、实验室里，一切行动态度，总是敏捷异常，活泼得很。所以他们能够在一个短时期内，学得多，做得多，将来的成就也自然的多起来了。掉转头来看看我国的情形，一般人的行动颟顸迟缓，姑置勿论，就是学校里的学生，读书做事，也大半是一些不灵敏。所以在初中毕业的学生，国文不能畅所欲言；在大学里毕业的学生，未必能看外国文的书籍。这不是由于他们的脑筋迟钝，实在是由于习惯成自然。所以出了学校以后，做起事来，仍旧不能紧张，"从容不迫"地做下去。西洋人可以一天做完的事，中国人非两天或三天不能做完。在效率上相差得这样多，所成就的事体，自然也就不可同日而语了。

　　关于这种迟缓的不敏捷的行动，我说是一种习惯，而且这种习惯是由于青年时代养成的，并不是没有什么事实上的根据。我们可以用华侨子弟和留学生来做证明：在欧美生长的中国小孩，行动的敏捷，固足与外国小孩相颉颃；而一般留学生，初到外国的时候，总感觉得处处落人之后，走路没有人家快，做事没有人家快，读书没有人家快，在课堂上抄笔记也没有人家写得快、记得多，苦不堪言。但在这样环境中吃得苦头太多了以后，自然而然的一切行动也就渐渐的会变快了。所以留学生回国后一切行动，总比普通一般人要敏捷些。等待他们在百事迟钝的中国环境里住的时间稍为长久一点，他们的迟缓的老脾气，或者也会重新发作的。就拿与人约会或赴宴会做例子，在欧美住过几年的人，初回国的时候，大都是很肯遵守时间，按时而到；后来觉得自己到了，他人迟到，也是于事无益，呆坐着等人，还白白糟蹋了宝贵的时间，不如还是从俗罢。但是这种习惯的误事和不便，是人人所引为遗憾的。尤其是我们的青年人，应当积极纠正的。

青年们呀！现在已经是二十世纪的新时代了！这个时代的特征就是"快"。你看布满了各国大陆的铁道，浮遍了各国海洋的船舰，肉眼可看见的有线电的电线，不可见的无线电的电浪、可以横渡大西洋而远征南北极的飞机，城市地面上驰骋着的街车与汽车，地面下隧道中通行的火车与电车，以及工厂、农场、公事房、家庭中所有的一切机器，哪一件不是为要想达到"快"的目的而设定的。况且凡百科学，无不日新月异的在那里增加发明。我们纵不能自己发明，也得要迎头赶上去、学上去，这都是非快不为功的。

据进化论的昭示，我们人类由猿猴进化而来。却是人类在这比较安舒的环境中，行动渐次变了迟钝，反较猴子略逊一筹，而中国人的颟顸程度更特别的高。以开化最早的资格，现反远居人后，这是多么惭愧的事！现在我们的青年，如要想对于求学、做事两方面，力振颓风，则非学"猴子样的敏捷"，急起直追不可！

（三）骆驼样的精神

在中国四万万同胞中，各人所负责任的重大，恐怕要算青年学生首屈一指了！就中国现时所处的可怜地位和可悲的命运而论，我们几乎可以说：凡是可摆脱这种地位、挽回这种命运的事情和责任，直接或间接都是要落在学生们的双肩上。

第一是对于学术上的责任：做学生的第一件事就是要

蔡元培在德国留影。

读书。读书从浅近方面说，是要增加个人的知识和能力，预备在社会上做一个有用的人材；从远大的方面说，是要精研学理，对于社会国家和人类作最有价值的贡献。这种责任是何等的重大！读者要知道一个民族或国家要在世界上立得住脚——而且要光荣的立住——是要以学术为基础的。尤其是，在这竞争剧烈的二十世纪，更要倚靠学术。

所以学术昌明的国家，没有不强盛的；反之，学术幼稚和知识蒙昧的民族，没有不贫弱的。德意志便是一个好例证：德人在欧战时力抗群强，能力固已可惊；大败以后，曾不十年而又重列于第一等国之林，这岂不是由于他们的科学程度特别优越而建设力强所致么？我们中国人在世界上原来是很有贡献的——如发明指南针、印刷术、火药之类——所以现时国力虽不充足，而仍为谈世界文化者所重视。不过经过两千年专制的锢蔽，学术遂致落伍。试问在现代的学术界，我们中国人对于人类幸福有贡献的究竟有几个人呢？无怪人家渐渐的看不起我们了。我们以后要想雪去被人轻视的耻辱，恢复我们固有的光荣，只有从学术方面努力，提高我们的科学知识，更进一步对世界为一种新的贡献，这些都是不能不首先属望于一般青年学生的。

第二是对于国家的责任：中国今日，外则强邻四逼，已沦于次殖民地的地位；内则政治紊乱，民穷财匮，国家的前途实在太危险了。今后想摆脱列强的羁绊，则非急图取消不平等条约不可。想把国民经济现状改良，使一般国民能享独立、自由、富厚的生活，则非使国内政治能上轨道不可。昔范仲淹为秀才时，便以天下为己任，果然有志竟成。现在的学生们，又安可不以国家为己任咧！

第三是对于社会的责任：先有好政治而后有好社会，抑先有好社会而后有好政治？这个问题用不着什么争论的，其实二者是相互影响的，所以学生对于社会也是负有对于政治同等的责任。我们中国的社会，是一个很老的社会，一切组织形式及风俗习惯，大都陈旧不堪，违反现代精神而应当改良。这也是要希望学生们努力实行的。因为一般年纪大一点的旧人物，有时纵然看得出，想得到，而以濡染太久的缘故，很少能彻底改革的。所以关于改良未来的社会一层，青年所负的责任也是很大的。

以上所说的各种责任都放在学生们的身上，未免太重一些。不过生在这时的中国学生，是无法避免这些责任的。若不学着"骆驼样的精神"来"任重道远"，又有什么办法呢？

除开上述三种基本条件而外，再加以"崇好美术的素养"，和"自爱""爱人"的美德，便配称做现代学生而无愧了。

1930年10月发表

老师和学生的类型

通常将"教"与"学"分为两事：

（一）"教"指教师教授；

（二）"学"指学生学习。

照我们现在的观察，不能绝对的如此划分，可分三点来说明：

教而不学　有些教师常有保守的习气。这些教师，或缺乏进修方法，或苦无研究机会，对所任教科，或为被动的、非自动的，不感何种兴趣，于是上焉者就教材范围略事准备；下焉者临时敷衍塞责。这种习气，足以使青年学生墨守陈腐的见解，而不易获得广大的知识。我们知道科学的研究与发明，瞬息千里。十年前所发明的定律，现在或许要根本推翻，或许要重新估值。如果将陈腐的知识传授给现代的学生，这些学生，即以教师所传授的陈腐的知识，应付当前的问题或进求高深的学理，试问读者可乎不可？所以我们希望一般教师不只是教，不只是研究教学的方法，还得要继续不断的研究所教的学科，以及所教的有关的学科；组织最新的学理，应用最有效的方法，使学生对于各科获得具体的概念，从而作进一步的研习。这是我们第一点意思。

学而不教 第二点包括两种人：

（一）肯研究学问而不谙教学方法的教师；

（二）肯努力的学生。

好些教师，于所任教科，很能有系统的组织，于相关的学科，亦能多方注意。这种教师，除致力于学科的研究之外，往往忽视教学的方法，虽则他教授的时候，尽可能充实学科的内容，补充较新的材料；因为不谙教学的方法，遂不易引起学生学习的兴趣。至于肯努力的学生，在全校或全级学生中，成绩较优，略窥门径。辅助同学以及指导民众的——如办理民众教育等——固不乏人；还有不少学生，只知个别努力，牺牲切磋的机会，因此教师所传授的学问，亦只圈于学校校门，或圈于肯努力的少数学生，形成教育的浪费，这都是"学而不教"的弊病。我们希望：（一）肯努力学问的教师，不但研究所教的学科，还得研究教学的方法。（二）肯努力的学生，不但自身努力学习，还得辅助同级的同校的学生共同努力；还得将所得的知识推广到一般民众身上去。

不教不学 上述的两种教师，一种是"教而不学"的，一种是"学而不教"的，还有一种是"不教不学"的，这种"不教不学"的教师，于所教的学科，既没有彻底的了解与持续的研究，又不谙教学的方法；或则敷衍了事，或则背诵教本，或则摭拾陈言，自误误人，为害不浅。这是属于教师方面的。学生方面，除了上述的"学而不教"的学生之外，也有"不教不学"的学生。所谓"不教不学"的学生，第一是"不学"，不研究学问，不感到学业的乐趣。第二是没有学问足以教人，更没有觉到有教人的必要。青年们呀！我们中国平均一万个人才有一个大学生，一千个人才有一个中学生，你们是一千个人里面或者一万个人里面最幸运的。你们不但自己要努力求学，你还得将你所学的教给一千个人，一万个人。现在有一位陶行知先生竭力推行小先生制度，可以备诸位借鉴的。

最后，我希望教师们，学生们：

（一）从"教而不学"到"既教且学"；

（二）从"学而不教"到"既学且教"；

（三）从"不教不学"到"又教又学"。

…………

1935年7月发表

原文为《教与学》，有删改

整顿北京大学的经过

今天北大同人会集于此，替我祝寿，得与诸先生、诸同学相见，我心甚为愉快，但实觉得不敢当。刚才听得主席王同学报告，及前教授石先生等致词，均属极恳挚的勉励和奖誉之言。真叫我于感激之余，惭愧的了不得。我今年实在还未到七十岁的足数日子，记得蘧伯玉有句话："行年五十，当知四十九年之非。"我今年就算七十，那么今是昨非之感，恐怕不过是六十九年的种种错误罢了。自今以后，极愿至其余年，加倍努力于党国及教育文化事业，以为报答，并希冀借此稍赎过愆。

今日在座者，皆北大有关系之人，请略说当年北大情形。北大在民元以前叫做京师大学堂，包有师范馆、仕学馆、译学馆等部分，我当时也曾任译学馆教员，是为我服务北大之始。尔后我因赴德国留学，遂与北大脱离。至民五冬，我在法国，接教育部电促回国，任北大校长。我回来，初到上海，有人劝我不必就职，说北大腐败极了，进去若不能整顿，反于自己的声名有碍。这当然出于爱我的意思。但也有少数人就说，既然知道北大腐败，更应进去整顿，就是失败，也算尽了心。这也是我不入地狱谁入地狱的意思。我到底服从后说而进北京。

自入北大以后，乃计议整顿北大的办法：第一，我拟办的是设立研究所，为教授、留校毕业生与高年级学生的研究机关。我在译学馆的时候，就晓得北京学生的习惯，他们平日对于学问上并没有什么兴会，只求年限满后，可以得到一张毕业文凭。教员自己也是不讲进修的。尤其是北大的学生，从京师大学堂老爷式学生嬗继下来，他们的目的不但在毕业，而尤重毕业以后的出路，所以专门研究学术的教员，他们不见得欢迎；若使一位政府有地位的人来兼课，虽然时常请假，他们还是攀附得很，因为毕业后有阔老师做靠山。这种科举时代遗留下来的劣根性，是于求学上很有妨碍的。所以我到校后第一次演说，就说明"大学生当以研究学术为天职，不当以大学为升官发财之阶梯"。然而这类习惯费了多少年打破工夫，终不免留下遗迹。

第二件事就是所谓开放女禁。其实中国大学无所谓女禁，像英国牛津等校似的。民九，有女学生要求进校，以考期已过，姑录为旁听生。及暑假招考，就正式招收女生。有人问我："兼收女生是否创制新法？"我说："教育部的大学令，并没有专收男生的条文；从前女生不抗议，所以不招女生，现在女生来要求，而程度又够得上大学，就没有拒绝的理由。"这是我国大学男女同学的开始。稍后，孔德学校也有女学生，于是各中、小学逐渐招收她们了。我一向是主张男女平等的，可惜今天到会的女同学，只有赵、谭、曹三位，仍觉得比男同学少得多。

第三件我提倡的事，就是变更文体，兼用白话，但不攻击文言。我本来不赞成董仲舒"罢黜百家、独尊孔子"一类的主张，因为学术上的派别也和政治上的派别一样，是相对的，不是永远不相容的。在北大当时，胡适之、陈仲甫、钱玄同、刘半农诸君，暨沈氏兄弟，积极的提倡白话文学；刘师培、黄季刚诸君，极端维护文言。我却相信，为应用起见，白话文必要盛行，我也常常做白话文，替白话文鼓吹；然而，我曾声明，作美术文，用文言未尝不好。例如我们写字，为应用起见，自然要写行楷，若如江艮庭的篆隶写药方，当然不可；若是为人写斗方或屏联作装饰品，即写篆隶章草，有何妨害。可是文言、白话的分别适用，到如今依然没有各得其当。

以上系我在北大时举办的或提倡的几件较大的事情。其他如注意美育，提倡军训，培养学生对于国家及人类的正确观念，都是没有放松。只可惜上述这些理想，总没有完全实现。可见个人或少数人的力量，终是有限。综计我居北大校长名义，自民六至民十五，共十年有半，而实际办事，不过五年有半，所成就者仅仅如是。一经回忆，对于知我罪我，不胜惭悚！

今天在座的，年龄皆少于我，未来服务于国家社会的机会正多，发展无量。况且以诸位的年龄，合计不知几千百倍于本人，而预料诸位将来达于七十岁的时候，对于国家社会的贡献，更不知将几千百倍于本人。所以今天诸位先生与同学以祝我的，我谨以还祝诸位健康。

1936年2月16日讲
在南京北大同学聚餐会上的演说词

民族的复兴

我们为什么要复兴民族？

复兴民族的意思，就是说，此民族并不是没有出息的，起先是很好的，后来不过是因为环境的压迫，以致退化，现在有了觉悟，所以想设法去复兴起来。复兴二字，在西方本为 Renaissance 一字，在西洋中世纪以前，本有极光明的文化，后为黑暗时期所埋没，后来又赖大家的努力，才恢复以前的光明，因而名之曰复兴。中国古代文化很盛，古书中常有记载，周朝的文物制度与希腊差不多，周季，有儒、墨、名、法、道家的哲学，此后如汉、唐的武功，也不能抹煞的。但到了现在，我们觉得事事都不如人，不但军事上、外交上不能与列强抗衡，就是所用的货物也到处觉得外国的物美价廉，胜于国货，这不能不说是我们的劣点。然而我们不能自认为劣等的民族，而只认为民族的退化，所以要复兴。

民族乃集合许多份子而成，现在欲复兴民族，须将民族全部分提高起来，提高些什么呢？我们的答案是：

第一，体格——中国民族为什么不中用，第一步乃是身体不健康，死亡率、病象、作工能力、体育状况，无论哪一种统计，都显出我们民族的弱点，所以要复兴民族，第一步是设法使大家的身体强健起来。我闻张君俊先生说，中国民族衰老的现象，南方人智力较胜于北方人，而体力却较逊于北方人；北方人体魄强壮而智力远逊于古人，因北方常有黄河之灾，且常为游牧民族所侵略，因而民族之优秀者均迁南方，此为历史证明的事实。如南北朝时代，如辽金元时代皆是。但南方气候潮湿，多寄生虫，不适宜优秀民族的发展，为复兴民族计，宜注重北方的开发。我以为北方固要开发，而南方亦可补救，我们若能发展北方人之智慧，增加南方人的体力，何尝不可用人为的力量，来克服自然呢？巴拿马旧以多蚊而不能施工事，后用科学灭蚊法而运河乃成。我们欲使民族强健起来，一定可用人力来做到！

第二，知识及能力——中国人的智能，并非不如外国人。中山先生在民族主义演讲中说"恢复中国固有的智能"，足以证明，如指南针、印刷术、火药的发明，长城、运河等建设，素为外人所称道，但到现在，科学的创造，建设的能力，各民族正非常发达，而我民族则不免落伍，然我们追想祖先的智力与能力，知道我们决非不能复兴的。例如波兰，虽经亡国之惨变，今仍能恢复，即有民族文化之故：远之如哥白尼之天文，近之如居里夫人（之）化学，及其他著名之文学家、美术家，都是主动力，可以证明固有的知能足以兴国的。

第三，品性的修养——民族之文化，一面在知识之发展，一面则赖其品性优良。向来称优良之品性为道德。道德不是绝对的，是相对的，是因各地方各时期的不同而定的。不过其中有一抽象的原则，是不可不注意的。此原则即为"爱人如己"。他的消极方面即为"己所勿欲，勿施于人"；其量则"由近而远"，初则爱己、爱家，继则爱族、爱乡、爱国，而至爱世界的人类，此种道德观念，与其用信条来迫促他，还不如用美感来陶冶他。我们看美术的进步，亦是由近而远，初用以文身，继用以装饰身体，或装饰花纹于用品上，远则用以装饰宫室，且进而美化都市，其观念渐行扩大，由近而远，正与道德观念相应。

总之，复兴民族之条件，为体格、智能和品性。这种条件，是希望个个人都能做到的。目前中国具了这三条件之人，请问有多少？可说是少数。但我们希望以后能达到。不过如何去达到呢，还不能不有赖于最有机会的人——学生，尤其是大学生，先来做榜样了。

大夏大学设在郊外，早已采取了牛津、剑桥大学的导师制，更有做榜样的资格。故如欲复兴民族，应由你们做起。在这里，我得介绍一位章渊若先生，他是提倡自力主义的，就是说人人都要从自己做起来再说。我现在就要劝诸位自己先做起来。学生自治会，就是促进各人自己努力的机关。

第一，以体育互相勉励——提倡体育是一个改进民族的很好的办法。日本人提倡体育，很有进步，就影响到了全体民族。所以，我们不能不有认识，体育乃是增加身体的健康。同时谋民族的健康，而非为出风头。以前的选手制，常犯了偏枯的毛病，根本失却了体育的本意，因而，常会发生下面的几种错误：（一）不平均——体育为少数人所专有；（二）太偏重——一部分选手则太偏于运动，牺牲了其他功课。今后对于体育之认识，则为根据于卫生的知识，不一定要求其做国手。听说贵大学现在实行普及体育，学生自治会又在促进普及体育的成功，这是可喜的。

第二，以知识及能力的增进互相勉励——大学内天天有教师讲授，但单靠教师讲授是不足的，还要自己去用功才行。用功要得法，单独的与集合的用功，都有优点，可以并行。同学之互相切磋，那是很有益的。自治会的组织，与同学的知能增进，有直接关系。从前我们有读书会，大家选定几本书，每人认一本去读，读了分期摘要报告，或加以批评，如听了觉得有兴味的，自己再去详读，否则，也就与自己读过无异了。这一类互助的方法很多，对于学问，很有补益的。

第三，以品性修养互相勉励——彼此互相检点，对于不应为的事情，互相告诫；对于应为的事情，互相督促；固然是自治会应有的条件，然完全为命令式的，如"你应该这样"，"你不应该怎样"，有时反引起对方的反感。所以我主张以美术来代替宗教，希望人人都有一种自然而然的善意。因为人类所以有不应为而为的事情，大抵起于自私自利的习惯。有时候迫于贪生怕死的成见，那就无所不为了。惟有美术的修养，能使人忘了小己，超然于生死利害之外，若人能有此陶冶，尤论何等境遇，均不失其当为而为，不当为而不为之气概。前十七八年，我在北京大学时，北京还没有一个艺术学校，全国还没有一个音乐学校，所以我在北大内发起音乐研究会、书画研究会，使学生有自由选习的机会。现在艺术的空气已弥漫全国，上海一市，音乐艺术的人才尤为众多，贵自治会如有此等计画，必不难实现了。

贵自治会如能于右列（编者按：原文系竖写行文，故用"右列"一词）三者，加意准备，则复兴民族的希望，已有端倪。我不能不乐观。

1936年7月1日发表
在大夏大学学生自治会演说词

养成宁静而强毅的精神

今日承保卫中国大同盟及香港国防医药筹赈会之招，得参与此最有意义的展览会，不胜荣幸。

当此全民抗战期间，有些人以为无赏鉴美术之余地，而鄙人则以为美术乃抗战时期之必需品。

抗战时期所最需要的，是人人有宁静的头脑，又有强毅的意志。"羽扇纶巾"，"轻裘缓带"，"胜亦不骄，败亦不馁"，是何等宁静？"祍金革，死而不厌"，"鞠躬尽瘁，死而后已"，是何等强毅？这种宁静而强毅的精神，不但前方冲锋陷阵的将士，不可不有；就是在后方供给军需，救护伤兵，拯济难民及其他从事于不能停顿之学术或事业者，亦不可不有。有了这种精神，始能免于疏忽、错乱、散漫等过失，始在全民抗战中担得起一份任务。

上图为1933年蔡元培（右一）与鲁迅（左一）和萧伯纳（中）在上海中山故居。下图为1934年5月蔡元培（前右三）参加上海美专举办的菲律宾中国现代名家书画展。

为养成这种宁静而强毅的精神，固然有特殊的机关，从事训练；而鄙人以为推广美育，也是养成这种精神之一法。美感本有两种：一为优雅之美，一为崇高之美。优雅之美，从容恬淡，超利害之计较，泯人我的界限。例如游名胜者，初不作伐木制器之想；赏音乐者，恒以与众同乐为快；而这样的超越而普遍的心境涵养惯了，还有什么卑劣的诱惑，可以扰乱他么？崇高之美，又可分为伟大与坚强之二类；存想恒星世界，比较地质年代，不能不惊小己的微渺；描写火山爆发，记述洪水横流，不能不叹人力的脆薄；但一经美感的诱导，不知不觉，神游于对象之中，于是乎对象的伟大，就是我的伟大；对象的坚强，就是我的坚强。在这种心境上锻炼惯了，还有什么世间的威武，可以胁迫他么？

且全民抗战之期，最要紧的，就是能互相爱护，互相扶助。而此等行为，全以同情为基本。同情的扩大与持久，可以美感上"感情移入"的作用助成之。例如画山水于壁上，可以卧游；观悲剧而感动，不觉流涕，这是感情移入的状况。儒家有设身处地之恕道，佛氏有现身说法之方便，这是同情的极轨。于美术上时有感情移入的经过，于伦理上自然增进同情的能力。

又今日所陈列的，都是木刻画（Graphic Art），纯以黑与白相间，而不用色彩，没有刺激性，而印象特为深刻。这也是这一次展览会的特色。

1938年5月20日讲
在香港圣约翰大礼堂美术展览会演说词

修学

　　身体壮佼，仪容伟岸，可以为贤乎？未也；居室崇闳，被服锦绣，可以为美乎？未也。人而无知识，则不能有为，虽矜饰其表，而鄙陋龌龊之状，宁可掩乎？

　　知识与道德，有至密之关系。道德之名尚矣，要其归，则不外避恶而行善。苟无知识以辨善恶，则何以知恶之不当为，而善知当行乎？知善之当行而行之，知恶之不当为而不为，是之谓真道德。世之不忠不孝、无礼无义、纵情而亡身者，其人非必皆恶逆悖戾也，多由于知识不足，而不能辨别善恶故耳。

　　寻常道德，有寻常知识之人，即能行之。其高尚者，非知识高尚之人，不能行也。是以自昔立身行道，为百世师者，必在旷世超俗之人，如孔子是已。

知识者，人事之基本也。人事之种类至繁，而无一不有赖于知识。近世人文大开，风气日新，无论何等事业，其有待于知识也益殷。是以人无贵贱，未有可以不就学者。且知识所以高尚吾人之品格也，知识深远，则言行自然温雅而动人歆慕。盖是非之理，既已了然，则其发于言行者，自无所凝滞，所谓诚于中形于外也。彼知识不足者，目能睹日月，而不能见理义之光；有物质界之感触，而无精神界之欣合，有近忧而无远虑。胸襟之隘如是，其言行又乌能免于卑陋欤？

知识之启发也，必由修学。修学者，务博而精者也。自人文进化，而国家之贫富强弱，与其国民学问之深浅为比例。彼欧美诸国，所以日辟百里、虎视一世者，实由其国中硕学专家，以理学工学之知识，开殖产兴业之端。锲而不已，成此实效。是故文明国所恃以竞争者，非武力而智力也。方今海外各国，交际频繁，智力之竞争，日益激烈。为国民者，乌可不勇猛精进，旁求知识，以造就为国家有用之材乎？

修学之道有二：曰耐久；曰爱时。

锦绣所以饰身也，学术所以饰心也。锦绣之美，有时

杭州西湖国立艺术院旧址。蔡元培创办了国立音乐院（后改名国立音乐专科学校）和国立艺术院。关于国立艺术大学选址杭州西湖的缘由，蔡元培在提案中这样说："美育之目的，在陶冶活泼敏锐之性灵，养成高尚纯洁之人格，故为达到美育实施之艺术教育，除适当之课程外，尤应注意学校的环境，以引起学者清醇之兴趣、高尚之精神……"因此，比较国内各地，国立艺术大学的校址，"最适宜者，实莫过于西湖"。

而敝；学术之益，终身享之，后世诵之，其可贵也如此。凡物愈贵，则得之愈难，以学术之贵，而可以浅涉得之乎？是故修学者，不可以不耐久。

凡少年修学者，其始鲜或不勤，未几而惰气乘之，有不暇自省其功候之如何，而咨嗟于学业之难成者。岂知古今硕学，大抵抱非常之才，而又能精进不已，始克抵于大成，况在寻常之人，能不劳而获乎？而不能耐久者，乃欲以穷年莫殚之功，责效于旬日，见其未效，则中道而废，如弃敝屣然。如是，则虽薄技微能，为庸众所可跂者，亦且百涉而无一就，况于专门学艺，其理义之精深，范围之博大，非专心致志，不厌不倦，必不能窥其涯涘，而乃卤莽灭裂，欲一蹴而几之，不亦妄乎？

庄生有言：吾生也有涯，而知也无涯，夫以有涯之生，修无涯之学，固常苦不及矣。自非惜分寸光阴，不使稍縻于无益，鲜有能达其志者。故学者尤不可以不爱时。

少壮之时，于修学为宜，以其心气尚虚，成见不存也。及是时而勉之，所积之智，或其终身应用而有余。否则以有用之时间，养成放僻之习惯，虽中年悔悟，痛自策励，其所得盖亦仅矣。朱子有言曰：勿谓今日不学而有来日；勿谓今年不学而有来年，日月逝矣，岁不延误，呜呼老矣，是谁之愆？其言深切著明，凡少年不可不三思也。

时之不可不爱如此，是故人不特自爱其时，尤当为有爱时。尝有诮友终日，游谈不经，荒其职业，是谓盗时之贼，学者所宜戒也。

修学者，固在入塾就师，而尤以读书为有效。盖良师不易得，借令得之，而亲炙之时，自有际限，要不如书籍之惠我无穷也。

人文渐开，则书籍渐富，历代学者之著述，汗牛充栋，固非一人之财力所能尽致，而亦非一人之日力所能遍读，故不可不择期有益于我者而读之。读无益之书，与不读等，修学者宜致意焉。

凡修普通学者，宜以平日课程为本，而读书以助之。苟课程所受，研究未完，而漫焉多读杂书，虽则有所得，亦泛滥而无归宿。且课程以外之事，亦有先后之序，此则修专门学者，尤当注意。苟不自量其知识之程度，取高远之书而读之，以不知为知，沿讹袭谬，有损而无益，即有一知半解，沾沾自喜，而亦终身无会通之望矣。夫书无高卑，苟了彻其义，则虽至卑近者，亦自有无穷之兴味。否则徒震于高尚之名，而以不求甚解者读之，何益？行远自迩，登高自卑，读书之道，亦犹是也。未见之书，询于师友而抉择之，则自无不合程度之虑矣。

修学者得良师，得佳书，不患无进步矣。而又有资于朋友，休沐之日，同志相会，凡师训所未及者，书义之可疑者，各以所见，讨论而阐发之，其互相为益者甚大。有志于学者，其务择友哉。

学问之成立在信，而学问之进步则在疑。非善疑者，不能得真信也。读古人之书，闻师友之言，必内按诸心，求其所以然之故。或不所得，则辗转推求，必逮心知其意，毫无疑义而后已，是之谓真知识。若乃人云亦云，而无独得之见解，则虽博闻多识，犹书箧耳，无所谓知识也。至若预存成见，凡他人之说，不求其所以然，而一切与之反对，则又怀疑之过，殆不知学问为何物者。盖疑义者，学问之作用，非学问之目的也。

《中学生修身教科书》上篇第一章第七节

与其守成法，毋宁尚自然；
与其求划一，毋宁展个性。

第二章

人生的修养

人生的快乐

自昔言人生之鹄者，其学说虽各不同，而可大别为三：快乐说，克己说，实现说，是也。

以快乐为人生之鹄者，亦有同异。以快乐之种类言，或主身体之快乐，或主精神之快乐，或兼二者而言之。以享此快乐者言，或主独乐，或主公乐。主公乐者，又有舍己徇人及人己同乐之别。

以身体之快乐为鹄者，其悖谬盖不待言。彼夫无行之徒，所以丧产业，损名誉，或并其性命而不顾者，夫岂非殉于身体之快乐故耶？且身体之快乐，人所同喜，不待教而后知，亦何必揭为主义以张之？徒足以助纵欲败度者之焰，而诱之于陷阱耳。血气方壮之人，幸毋为所惑焉。

独乐之说，知有己而不知有人，苟吾人不能离社会而独存，则其说决不足以为道德之准的，而舍己徇人之说，亦复不近人情，二者皆可以舍而不论也。

人我同乐之说，亦谓之功利主义，以最多数之人，得最大之快乐，为其鹄者也。彼以为人之行事，虽各不相同，而皆所以求快乐，即为蓄财产养名誉者，时或耐艰苦而不辞，要亦以财产名誉，足为快乐之预备，故不得不舍目前之小快乐，以预备他日之大快乐耳。而要其趋于快乐则一也，故人不可不以最多数人得最大快乐为理想。

民国时期大学女生在打乒乓球。

1940年3月11日，香港各界万余人公祭蔡元培先生。

　　夫快乐之不可以排斥，固不待言。且精神之快乐，清白高尚，尤足以鼓励人生，而慰藉之于无聊之时。其裨益于人，良非浅鲜。惟是人生必以最多数之人，享最大之快乐为鹄者，何为而然欤？如仅曰社会之趋势如是而已，则尚未足以为伦理学之义证。且快乐者，意识之情状，其浅深长短，每随人而不同，我之所乐，人或否之；人之所乐，亦未必为我所赞成。所谓最多数人之最大快乐者，何由而定之欤？持功利主义者，至此而穷矣。

　　盖快乐之高尚者，多由于道德理想之实现，故快乐者，实行道德之效果，而非快乐即道德也。持快乐说者，据意识之状况，而揭以为道德之主义，故其说有不可通者。

《中学生修身教科书》下篇第三章第二节

人生的三个时期

今日为中国大学成立四周年纪念之期，又更名纪念会之期，及专门部、中学科举行毕业式之期，关系最为重要。鄙人不敏，聊贡数言。今日鄙人来此地方，生有一种感想，因中国大学与他校不同，实有一种特性。此种特性，实与社会及吾人大有关系。

吾人自出生以至于死，可分三时期：第一预备时期，即幼年。第二工作时期，即壮年。第三休息时期，即老年。良以社会既予吾人以大利益，则吾人不可不预备代价，以为交换之具。吾人所受社会之利益，与同人缔有债务与契约无异。既欠人债，即不能不想还债。故少年预备时期，亦即为少年欠债时期；而工作时期，即为中年还债时期。然吾人一至中年，即距老不远，故不能不储蓄，以为第三期休息之预备。而老年苟有能力，仍为社会服务，不过不及壮年之多耳，止可谓之半息，而不能谓之全息。尝见外国之实业家、教育家、著作家，老而治事，至死后已，即其义也。吾人在校肄业，即为预备及欠债时期，毕业即入还债时期矣。专门部诸君，明日在社会即担任有还债之义务。换言之，即是脱离第一时期，而入第二之工作时期。虽中学科毕业之后，有入大学部或专门部深造者，然亦有在社会上作事者。在社会上作事，亦是入于工作时期。故吾人一生，实以第二时期为最重要。

1917 年 4 月 29 日讲

中国大学四周年纪念演说词，有删改

科学之修养

　　鄙人前承贵校德育部之召，曾来校演讲；今又蒙修养会见召，敢述修养与科学之关系。

　　查修养之目的，在使人平日有一种操练，俾临事不致措置失宜。盖吾人平日遇事，常有计较之余暇，故能反复审虑，权其利害是非之轻重而定取舍。然若至仓卒之间，事变横来，不容有审虑之余地，此时而欲使诱惑、困难不能隳其操守，非凭修养有素不可，此修养之所以不可缓也。

　　修养之道，在平日必有种种信条：无论其为宗教的或社会的，要不外使服膺者储蓄一种抵抗之力，遇事即可凭之以定抉择。如心所欲作而禁其不作，或心所不欲而强其必行，皆依于信条之力。此种信条，无论文明、野蛮民族均有之。然信条之起，乃由数千万年习惯所养成；及行之既久，必有不适之处，则怀疑之念渐兴，而信条之效力遂失。此犹就其天然者言也。乃若古圣先贤之格言嘉训，虽属人造，要亦不外由时代经验归纳所得之公律，不能不随时代之变迁而易其内容。吾人今日所见为嘉言懿行者，在日后或成故纸；欲求其能常系人之信仰，实不可能。由是观之，则吾人之于修养，不可不研究其方法。在昔吾国哲人，如孔、孟、老、庄之属，均曾致力于修养，而宋、明儒者尤专力于此。然学者提倡虽力，卒不能使天下之人尽变为良善之士，可知修养亦无一定之必可恃者也。至于吾人居今日而言修养，则尤不能如往古道家之蛰影深山，不闻世事。盖今日社会愈进，世务愈繁。已入社会者，固不能舍此而他从；即未入社会之学校青年，亦必从事于种种学问，为将来入世之准备。其责任之繁重如是，故往往易为外务所缚，无精神休假之余地，常易使人生观陷于悲观厌世之域，而不得志之人为尤甚。其故即在现今社会与从前不同。欲补救此弊，须使人之精神有张有弛。如作事之后，必继之以睡眠，而精神之疲劳，亦必使有机会得以修养。此种团体之结合，尤为可喜之事。但鄙人以为修养之致力，不必专限于集会之时，即在平时课业中亦可利用其修养。故特标此题曰："科学的修养"。

今即就贵会之修养法逐条说明，以证科学的修养法之可行。如贵会简章有"力行校训"一条。贵校校训为"诚勤勇爱"四字。此均可于科学中行之。如"诚"字之义，不但不欺人而已，亦必不可为他人所欺。盖受人之欺而不

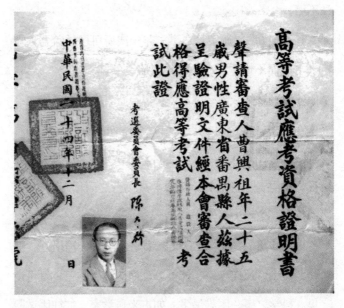

民国时期的"高考应考资格证明"。图为一九三五年广东人曹某的高等考试应考资格证明书。

自知，转以此说复诏他人，其害与欺人者等也。是故吾人读古人之书，其中所言苟非亲身实验证明者，不可轻信；乃至极简单之事实，如一加二为三之数，亦必以实验证明之。夫实验之用最大者，莫如科学。譬如报纸记事，臧否不一，每使人茫无适从。科学则不然。真是真非，丝毫不能移易。盖一能实验，而一不能实验故也。由此观之，科学之价值即在实验。是故欲力行"诚"字，非用科学的方法不可。

其次"勤"：凡实验之事，非一次所可了。盖吾人读古人之书而不慊于心，乃出之实验。然一次实验之结果，不能即断其必是，故必继之以再以三，使有数次实验之结果。如不误，则可以证古人之是否；如与古人之说相刺谬，则尤必详考其所以致误之因，而后可以下断案。凡此者反复推寻，不惮周详，可以养成勤劳之习惯。故"勤"之力行亦必依赖夫科学。

再次"勇"：勇敢之意义，固不仅限于为国捐躯、慷慨赴义之士，凡作一事，能排万难而达其目的者，皆可谓之勇。科学之事，困难最多。如古来科学家，往往因试验科学致丧其性命，如南北极及海底探险之类。又如新发明之学理，有与旧传之说不相容者，往往遭社会之迫害，如哥白尼、贾利来之惨祸。可见研究学问，亦非有勇敢性质不可；而勇敢性质，即可于科学中养成之。大抵勇敢性有二：其一发明新理之时，排去种种之困难阻碍；其二，既发明之后，敢于持论，不惧世俗之非笑。凡此二端，均由科学所养成。

再次"爱"：爱之范围有大小。在野蛮时代，仅知爱自己及与己最接近者，如家族之类。此外稍远者，辄生嫌忌之心。故食人之举，往往有焉。其后人智稍进，爱之范围渐扩，然犹不能举人我之见而悉除之。如今日欧洲大战，无论协约方面或德奥方面，均是己非人，互相仇视，欲求其爱之普及甚难。独至于学术方面则不然：一视同仁，无分畛域；平日虽属敌国，及至论学之时，苟所言中理，无有不降心相从者。可知学术之域内，其爱最博。又人类嫉妒之心最盛，入主出奴，互为门户。然此亦仅限于文学耳；若科学，则均由实验及推理所得唯一真理，不容以私见变易一切。是故嫉妒之技无所施，而爱心容易养成焉。

以上所述，仅就力行校训一条引申其义。再阅简章，有静坐一项。此法本自道家传来。佛氏之坐禅，亦属此类。然历年既久，卒未普及社会；至今日日本之提倡此道者，纯以科学之理解释之。吾国如蒋竹庄先生亦然，所以信从者多，不移时而遍于各地。此亦修养之有赖于科学者也。

又如不饮酒、不吸烟二项，亦非得科学之助力不易使人服行。盖烟酒之嗜好，本由人无正当之娱乐，不得已用之以为消遣之具，积久遂成痼疾。至今日科学发达，娱乐之具日多，自不事此无益之消遣。如科学之问题，往往使人兴味加增，故不感疲劳而烟酒自无用矣。

今日所述，仅感想所及，约略陈之。惟宜注意者，鄙人非谓学生于正课科学之外，不必有特别之修养，不过正课之中，亦不妨兼事修养，俾修养之功，随时随地均能用力，久久纯熟，则遇事自不致措置失宜矣。

1919年4月24日讲
在北京高等师范学校修养会演说词

义务与权利

　　贵校成立，于兹十载，毕业生之服务于社会者，甚有声誉，鄙人甚所钦佩。今日承方校长属以演讲，鄙人以诸君在此受教，是诸君的权利；而毕业以后即当任若干年教员，即诸君之义务，故愿为诸君说义务与权利之关系。

　　权利者，为所有权、自卫权等，凡有利于己者，皆属之。义务则几尽吾力而有益于社会者皆属之。

　　普通之见，每以两者为互相对待，以为既尽某种义务，则可以要求某种权利，既享某种权利，则不可不尽某种义务。如买卖然，货物与金钱，其值相当是也。然社会上每有例外之状况，两者或不能兼得，则势必偏重其一。如杨朱为我，不肯拔一毛以利天下；德国之斯梯纳（Strne）及尼采（Nietsche）等，主张惟我独尊，而以利他主义为奴隶之道德。此偏重权利之说也。墨子之道，节用而兼爱。孟子曰：生与义不可得兼，舍生而取义。此偏重义务之说也。今欲比较两者之轻重，以三者为衡。

（一）以意识之程度衡之。下等动物，求食物，卫生命，权利之意识已具；而互助之行为，则于较为高等之动物始见之。昆虫之中，蜂、蚁最为进化。其中雄者能传种而不能作工。传种既毕，则工蜂、工蚁刺杀之，以其义务无可再尽，即不认其有何等权利也。人之初生，即知吮乳，稍长则饥而求食，寒而求衣，权利之意义具，而义务之意识未萌。及其长也，始知有对于权利之义务。且进而有公而忘私、国而忘家之意识，是权利之意识，较为幼稚；而义务之意识，较为高尚也。

（二）以范围的广狭衡之。无论何种权利，享受者以一身为限；至于义务，则如振兴实业、推行教育之类，享其利益者，其人数可以无限。是权利之范围狭，而义务之范围广也。

（三）以时效之久暂衡之。无论何种权利，享受者以一生为限。即如名誉，虽未尝不可认为权利之一种，而其人既死，则名誉虽存，而所含个人权利之性质，不得不随之而消灭。至于义务，如禹之治水，雷绥佛（Lessevs）之凿苏彝士河，汽机、电机之发明，文学家、美术家之著作，则其人虽死，而效力常存。是权利之时效短，而义务之时效长也。

由是观之，权利轻而义务重。且人类实为义务而生存。例如人有子女，即生命之派分，似即生命权之一部。然除孝养父母之旧法而外，曾何权利之可言？至于今日，父母已无责备子女以孝养之权利，而饮食之，教诲之，乃为父母不可逃之义务。且列子称愚公之移山也，曰："虽我之死，有子存焉。子又生孙，孙又生子，子子孙孙，无穷匮也，而山不加增，何苦而不平？"虽为寓言，实含至理。盖人之所以有子孙者，为夫生年有尽，而义务无穷；不得不以子孙为延续生命之方法，而于权利无关。是即人之生存，为义务而不为权利之证也。

惟人之生存，既为义务，则何以又有权利？曰：盖义务者在有身，而所以保持此身，使有以尽义务者，曰权利。如汽机然，非有燃料，则不能作工，权利者，人身之燃料也。故义务为主，而权利为从。

义务为主，则以多为贵，故人不可以不勤；权利为从，则适可而止，故人不可以不俭。至于捐所有财产，以助文化之发展，或冒生命之危险，而探南北极、试航空术，则皆可为善尽义务者。其他若厌世而自杀，实为放弃义务之行为，故伦理学家常非之。然若其人既自知无再尽义务之能力，而坐享权利，或反以其特别之疾病若罪恶，贻害于社会，则以自由意志而决然自杀，亦有可谅者。独身主义亦然，与谓为放弃权利，毋宁谓为放弃义务。然若有重大之义务，将竭毕生之精力以达之，而不愿为室家所累；又或自忖体魄，在优种学上者不适于遗传之理由，而决然抱独身主义，亦有未可厚非者。

今欲进而言诸君之义务矣。闻诸君中颇有以毕业后必尽教员之义务为苦者。然此等义务，实为校章所定。诸君入校之初，既承认此校章矣。若于校中既享有种种之权利，而竟放弃其义务，如负债不偿然，于心安乎？毕业以后，固亦有因结婚之故，而家务、校务不能兼顾者。然胡彬夏女士不云乎：“女子尽力社会之暇，能整理家事，斯为可贵。”是在善于调度而已。我国家庭之状况，烦琐已极，诚有使人应接不暇之苦。然使改良组织，日就简单，亦未尝不可分出时间，以服务于社会。又或约集同志，组织公育儿童之机关，使有终身从事教育之机会，亦无不可。在诸君勉之而已。

1919年12月7日讲
在北京女子师范学校演说词

文明与奢侈

读人类进化之历史：昔也穴居而野处，今则有完善之宫室；昔也饮血茹毛，食鸟兽之肉而寝其皮，今则有烹饪、裁缝之术；昔也束薪而为炬，陶土而为灯，而今则行之以煤气及电力；昔也椎轮之车，刳木之舟，为小距离之交通，而今则汽车及汽舟，无远弗届；其他一切应用之物，昔粗而今精，昔简单而今复杂，大都如是。故以今较昔，器物之价值，百倍者有之，千倍者有之，甚而万倍、亿倍者亦有之。一若昔节俭而今奢侈，奢侈之度，随文明而俱进。是以厌疾奢侈者，至于并一切之物质文明而屏弃之，如法之卢梭，俄之托尔斯泰是也。

虽然，文明之与奢侈，固若是其密接而不可离乎？是不然。文明者，利用厚生之普及于人人者也。敷道如砥，夫人而行之；漉水使洁，夫人而饮之；广衢之灯，夫人而利其明；公园之音乐，夫人而聆其音；普及教育，平民大学，夫人而可以受之；藏书楼之书，其数巨万，夫人而可以读之；博物院之美术品，其值不赀，夫人而可以赏鉴之。夫是以谓之文明。且此等设施，或以卫生，或以益

20世纪初，在自来水和电远未普及的古都北京，大学宿舍里通上自来水的情景与民众生活形成了鲜明的比照。

智，或以进德，其所生之效力，有百千万亿于所费者。故所费虽多，而不得以奢侈论。

奢侈者，一人之费，逾于普通人所费之均数，而又不生何等之善果，或转以发生恶影响。如《吕氏春秋》所谓"出则以车，入则以辇，务以自佚，命之曰招蹶之机；肥酒厚肉，务以自疆，命之曰烂肠之食"是也。此等恶习，本酋长时代所遗留。在昔普通生活低度之时，凡所谓峻宇雕墙，玉杯象箸，长夜之饮，游畋之乐，其超越均数之费者何限？普通生活既渐高其度，即有贵族富豪以穷奢极侈著，而其超越均数之度，决不如酋长时代之甚。

故知文明益进，则奢侈益杀。谓今日之文明，尚未能剿灭奢侈则可；以奢侈为文明之产物，则大不可也。吾人当详观文明与奢侈之别，尚其前者，而戒其后者，则折衷之道也。

1919年8月发表

他治与自治

....

　　我想学校应守的规则简单的很，不过卫生、学业、品行等等。关系卫生的，如宿舍的清洁、整齐，起卧有一定时刻等事。关系学业的，如按时自修，不旷废功课等。关于品行的，如在学校里不作贬损人格的坏事，在外边能保全自己的名誉，或保全学校团体的名誉。这都简单，人人容易想得到做得到的。我们既自认是人，尊重自己的人格，且尊重他人的人格，本无须他人代庖。但前人总不放心，必要用人替来管理，由是学校也生了治者——如学监、舍监。都是——与被治者的阶级。在治者既像负担了被治者一生人格上的责任，必要一种模范人物，才能胜任。但是这种人才从哪里来呢？凡有学校的学监，地位既不及教员的隆重，并且他们的职务又极干燥无味，不如教员还可以增进自己的学问。单是宿舍起卧的时刻，或考试时的监场、检查等等琐事，在有学问、有才能、在社会上能得一个地位的，必不肯来担任。担任的往往因知识才能较差的。请这等人来干，或是死守规则过于严了，因此和学生发生恶感；或是太不守职过于宽了，样样通融；或仅

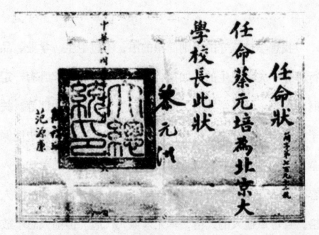

蔡元培任北京大学校长的任命状。蔡元培出任北京大学校长一事备受当时舆论关注。蔡元培一到北京，上海《中华新报》就在《北京特别通讯》栏中报道称："蔡子民先生于二十二日抵北京，大风雪中，来此学界泰斗，如晦雾之时，忽睹一颗明星也。"正式任命发布后，更引来一片好评，舆论界普遍认为北京大学幸庆得人。可见蔡元培出任北大校长，是众望所归。

对一部分宽了，又要开罪于他一部分的学生。十余年来学校里闹风潮，起因往往都很小的。

学校事情本很简单，学生都可以管，既都让给管理员，学生便不知不觉的把一切学业、自修、卫生清洁种种责任，都交与管理员去做，自己一概可以不管的样子。譬如住在旅馆里的人，公文要件交在柜房，自己就不注意了。学生既是如此，所以种种不规则的事，层见迭出，闹出许多的笑话。有人以为是管理不好的缘故，愈加注意管理，教育部也屡屡下通令。无如依然无效，这实在是有人代为管理的原故。

…………

1920年10月
在北京高等师范学校
学生自治会演说词，有删改

我的新生活观

　　什么叫旧生活？是枯燥的，是退化的。什么叫新生活？是丰富的，是进步的。

　　旧生活的人，是一部分不作工，又不求学的，终日把吃喝嫖赌作消遣。物质上一点也没有生产，精神上也一点没有长进。又一部分是整日作苦工，没有机会求学，身体上疲乏得了不得，所作的工是事倍功半，精神上得过且过，岂不全是枯燥的么？不作工的人，体力是逐渐衰退了；不求学的人，心力又逐渐委靡了；一代传一代，更衰退，更委靡，岂不全是退化么？

　　新生活是每一个人，每日有一定所作工，又有一定的时候求学，所以制品日日增加。还不是丰富的么？工是愈练愈熟的，熟了出产必能加多；而且"熟能生巧"，就能增出新工作来。学是有一部分讲现在作工的道理，懂了这个道理，工作必能改良。又有一部分讲别种工作的道理，懂了那种道理，又可以改良别种的工。从简单的工改到复杂的工，从容易的工改到繁难的工，从出产较少的工改到出产较多的工。而且有一种学问，虽然与工作没有直接的关系，但是学了以后，眼光一日一日的远大起来，心地一日一日的平和起来，生活上无形中增进许多幸福。这还不是进步的吗？

要是有一个人肯日日作工，日日求学，便是一个新生活的人；有一个团体里的人，都是日日作工，日日求学，便是一个新生活的团体；全世界的人都是日日作工，日日求学，那就是新生活的世界了。

1920年10月发表

养与教

古人说："敬老慈幼。"又说："老者安之，朋友信之，少者怀之。"或对两方面说话，或对三方面说话；而我等特别注意慈幼，何故？人生少、壮、老三段，可以代表过去、现在、未来。老年是已经尽过义务而将要退休的，可代表过去；壮年是正在负责任的时期，可代表现在；幼年是预备担当将来的事业的，可代表将来。

文化较低的民族，往往知有现在，不顾将来；文化渐进，则预计将来的思想，益益发达。古人说："一年之计树谷，十年之计树木，百年之计树人。"三句都是为将来预备的计画，所计愈久，所得愈多。我们家乡有一句骂人的话，说是"吃子孙饭"，是说此人作恶多端，使子孙不能在社会立足，就是他把子孙要吃的饭，都吃尽无余，就是牺牲将来以快现在，如蛮横的结怨，荒唐的负债，都属于此一类。反之，牺牲现在以利将来，以父母之于子女为最真切。若能"幼吾人之幼以及人之幼"，则一切儿童，都得以子女视之。

我记得民国九年曾到维也纳，尔时大战初停，奥国人的经济非常困难，维也纳设有育婴堂多处，均由美国人捐款设立；市中牛乳，须先尽育婴应用，如有余，始送给普通人。可以见慈幼之重要。

至于慈幼事业，自然以养与教为最要。养之为道，须

辛亥革命后，妇女得到解放，女孩子纷纷走出闺阁，上学读书，参加社会活动。图为女大学生们在参加植树劳动。

依据卫生原则，食物的种类与分量，衣服的厚薄与宽紧，运动与睡眠的调剂，都不可以溺爱之故而有所偏重，尤不可以烦忙之故而掉以轻心，对于家中之子女固然，对于育婴堂、托儿所等等之儿童亦然。至于教，则未及学龄儿童，当然不能入学校，或且不能入幼稚园，所受教者，全是家庭之父、母、兄、姊与公共机关之保姆，而时时接触之人物，亦均为其师保，均当以身作则，无疾言遽色，无粗暴之举动，养成慈祥恺悌之习惯；其他体育、智育，均当按其年龄而施之。

本会对于儿童，虽未能一一与之接近，然对于负保育儿童责任之个人或团体，时时予以辅助，间接的尽对于将来之责任，亦聊以慰吾人幼幼之本心云尔。

1935 年 1 月 26 日讲

中华慈幼协会六周年纪念会演说词

《现代中国政治思想史》序

　　人类德慧智术之进化，纯赖有向上之心灵作用，而能充分运用此心灵，以发挥言论，演成政治者，是又随时代思潮而增其领域；藉非浑噩之世，与及专制之朝，鲜有能遏抑闭塞，以桎梏此人类向上之心灵也。

　　是故世界各国政治思想，大都循自由发展之径路，历时久而愈昌盛。惟中国则不然。自古元后作民父母，非天下不议礼制度，兆民之菀枯，判诸一人之圣狂，蚩蚩者似无容置喙。然圣君贤相，层见迭出，尝有戒鞀立木，博采诹众者，尚未至于土苴吾民也。沿及先秦诸子昌言论政，如老子之倡无为，孔子之言大同，俱能超现实，而悬为未来世政治上最高之鹄，一时思想界中，未尝不蓬蓬勃勃，饶有生机，惜为时甚暂，不旋踵而遂汩没矣。

自此而后，政尚专制，独夫横暴，学途阃塞，士论不弘，非表彰某某，即罢黜某某，文网密布，横议有禁。举天下之人，曰以拥护君权为能事；有逾越范围者，视为邪说异端，火其书而刑其人。于是，谨愿者谓为天威之可畏，黠智者相戒慎言以寡尤，虽有超群拔萃、才智雄强人士，亦噤若寒蝉，罔越畔岸，岂敢妄读经国远猷哉。漫漫长夜，何时始旦，历二千年之锢蔽，与欧洲中世纪受宗教之约束，如出一辙。呜呼，此中国政治思想之沉沉闇闇，以至于斯极也。

挽近六十年来，适为思想解放之时期，亦即为思想昂进之时期也。外受西洋民权学说之熏灼，内感于中国君主专制之不适，先觉之士，竞出其新政治主张，以为救国救民之药石。当满清末造，钳制惟严，犹能鼓其勇往迈进之精神，以冲决藩篱，著为政论，使二千年沉闇之国民，一举而唤醒迷梦。在当时虽触忌触讳，几遭汩没，而思想自由之新机，已萌茁于斯时矣。

及革命告成，民国建立，言论出版自由，列诸宪章，政治思潮，益奔腾澎湃，而不可遏抑，此诚解放后一大进步。但思想之为物，犹水也，约之沟渠之中，其涸可立待；放之江河之外，则泛滥而无极。故在未解放以前，其患在蔽塞而不宣，既解放以后，其患在驳杂而不纯。蔽塞也，驳杂也，俱无利于国也。窃尝谓现代中国政治思想之为状也，散而不可纪，有为崇高之论者，有切近事实者，更有炫新立异者。在中国今日，各种政治主张，正在间错试验中，未始非绝好征象。然恐五光十色，易使人目眩神移，而失却中心信仰，其流弊所及，非横决即归于枯萎，不亦重可慨乎。必有人焉，为之整理而条贯之，使庞杂之言论，归纳成有系统之科目，贻国人以共同研究之资料。夫然后政成事举，郅治可期，则此种工作，实不容已也。

临川朱君笑平，绩学士也，以名诸生游学东瀛，专究政治理论，未尝参与任何政争。以冷静之头脑，纯洁之思想，超然之态度，旁搜博考，网罗现代富有思想各家之政论，披众芳而觅兰茝，为之挈裘领，诎五指而顿之，编著《现代中国政治思想史》一书。书成，问序于余，余受而阅之，见其全篇结论，复标举大同艺团主义，亦深思有得之言，与余之美育代宗教说，同其旨趣，因乐为序之。

1935年1月发表

美育者，与智育相辅而行，以图德育之完成者也。

第三章

世界观与人生观

世界观与人生观

　　世界无涯涘也，而吾人乃于其中占有数尺之地位；世界无终始也，而吾人乃于其中占有数十年之寿命；世界之迁流，如是其繁变也，而吾人乃于其中占有少许之历史。以吾人之一生较之世界，其大小久暂之相去，既不可以数量计；而吾人一生，又决不能有几微遁出于世界以外，则吾人非先有一世界观，决无所容喙于人生观。

　　虽然，吾人既为世界之一分子，决不能超出世界以外，而考察一客观之世界，则所谓完全之世界观，何自而得之乎？曰：凡分子必具有全体之本性；而既为分子，则因其所值之时地而发生种种特性；排去各分子之特性，而得一通性，则即全体之本性矣。吾人为世界一分子，凡吾人意识所能接触者，无一非世界之分子。研究吾人之意识，而求其最后之原素，为物质及形式。物质及形式，犹相对待也。超物质形式之畛域而自在者，惟有意志。于是吾人得以意志为世界各分子之通性，而即以是为世界之本性。

本体世界之意志，无所谓鹄的也。何则？一有鹄的，则悬之有其所，达之有其时，而不得不循因果律以为达之之方法，是仍落于形式之中，含有各分子之特性，而不足以为本体。故说者以本体世界为黑暗之意志，或谓之盲瞽之意志，皆所以形容其异于现象世界各各之意志也。现象世界各各之意志，则以回向本体为最后之大鹄的。其间接以达于此大鹄的者，又有无量数之小鹄的。各以其间接于最后大鹄的之远近，为其大小之差。

最后之大鹄的何在？曰：合世界之各分子，息息相关，无复有彼此之差别，达于现象世界与本体世界相交之一点是也。自宗教家言之，吾人固未尝不可于一瞬间，超轶现象世界种种差别之关系，而完全成立为本体世界之大我。然吾人于此时期，既尚有语言文字之交通，则已受范于渐法之中，而不以顿法，于是不得不有所谓种种间接之作用。缀辑此等间接作用，使厘然有系统可寻者，进化史也。

统大地之进化史而观之，无机物之各质点，自自然引力外，殆无特别相互之关系。进而为有机之植物，则能以质点集合之机关，共同操作，以行其延年传种之作用。进而为动物，则又于同种类间为亲子朋友之关系，而其分职通功之例，视植物为繁。及进而为人类，则由家庭而宗族，而社会，而国家，而国际。其互相关系之形式，既日趋于博大，而成绩所留，随举一端，皆有自阂而通、自别而同之趋势。例如昔之工艺，自造之而自用之耳。今则一人之所享受，不知经若干人之手而后成。一人之所操作，不知供若干人之利用。昔之知识，取材于乡土志耳。今则自然界之记录，无远弗届。远之星体之运行，小之原子之变化，皆为科学所管领。由考古学、人类学之互证，而知开明人之祖先，与未开化人无异。由进化学之研究，而知人类之祖先与动物无异。是以语言、风俗、宗教、美术之属，无不合大地之人类以相比较。而动物心理、动物言语之属，亦渐为学者所注意。昔之同情，及最近者而止耳。是以同一人类，或状貌稍异，即痛痒不复相关，而甚至于相食。其次则死之，奴之。今则四海兄弟之观念，为人类所公认，而肉食之戒，虐待动物之禁，以渐流布。所谓仁民而爱物者，已成为常识焉。夫已往之世界，经其各分子经营而进步者，其成绩固已如此。过此以往，不亦可比例而知之欤。

道家之言曰："知足不辱，知止不殆。"又曰："小国寡民，使有什伯之器而不用，使民重死而不远徙，虽有舟舆，无所乘之。虽有甲兵，无所陈之。使民复结绳而用之。甘其食，美其服，安其居，乐其俗。邻国相望，鸡犬之声相闻，民至老死而不相往来。"此皆以目前之幸福言之也。自进化史考之，则人类精神之趋势，乃适与相反。人满之患虽自昔借为口实，而自昔探险新地者，率生于好奇心，而非为饥寒所迫。南北极苦寒之所，未必于吾侪生活有直接利用之资料，而冒险探极者踵相接。由椎轮而大辂，由桴槎而方舟，足以济不通矣；乃必进而为汽车、汽船及自动车之属。近则飞艇、飞机，更为竞争之的。其构造之初，必有若干之试验者供其牺牲，而初不以及身之不及利用而生悔。文学家、美术家最高尚之著作，被崇拜者或在死后，而初不以及身之不得信用而辍业。用以知：为将来而牺牲现在者，又人类之通性也。

　　人生之初，耕田而食，凿井而饮，谋生之事，至为繁重，无暇为高尚之思想。自机械发明，交通迅速，资生之具，日趋于便利。循是以往，必有菽粟如水火之一日，使人类不复为口腹所累，而得专致力于精神之修养。今虽尚非其时，而纯理之科学，高尚之美术，笃嗜者固已有甚于饥渴，是即他日普及之朕兆也。科学者，所以祛现象世界之障碍，而引致于光明。美术者，所以写本体世界之现象，而提醒其觉性。人类精神之趋向，既毗于是，则其所到达之点，盖可知矣。

　　然则进化史所以诏吾人者：人类之义务，为群伦不为小己，为将来不为现在，为精神之愉快而非为体魄之享受，固已彰明而较著矣。而世之误读进化史者，乃以人类之大鹄的，为不外乎其一身与种姓之生存，而遂以强者权利为无上之道德。夫使人类果以一身之生存为最大之鹄的，则将如神仙家所主张，而又何有于种姓？如曰人类固以绵延其种姓为最后之鹄的，则必以保持其单纯之种姓为第一义，而同姓相婚，其生不蕃。古今开明民族，往往有几许之混合者。是两者何足以为究竟之鹄的乎？孔子曰："生无所息。"庄子曰："造物劳我以生。"诸葛孔明曰：

"鞠躬尽瘁，死而后已。"是吾身之所以欲生存也。北山愚公之言曰："虽我之死，有子存焉。子又生孙，孙又生子，子子孙孙，无穷匮也；而山不加增，何若而不平。"是种姓之所以欲生存也。人类以在此世界有当尽之义务，不得不生存其身体；又以此义务者非数十年之寿命所能竣，而不得不谋其种姓之生存；以图其身体若种姓之生存，而不能不有所资以营养，于是有吸收之权利。又或吾人所以尽务之身体若种姓，及夫所资以生存之具，无端受外界之侵害，将坐是而失其所以尽务之自由，于是有抵抗之权利。此正负两式之权利，皆由义务而演出者也。今曰：吾人无所谓义务，而权利则可以无限。是犹同舟共济，非合力不足以达彼岸，乃强有力者以进行为多事，而劫他人所持之棹楫以为己有，岂非颠倒之尤者乎。

昔之哲人，有见于大鹄的之所在，而于其他无量数之小鹄的，又准其距离于大鹄的之远近，以为大小之差。于其常也，大小鹄的并行而不悖。孔子曰："己欲立而立人，己欲达而达人。"孟子曰："好乐，好色，好货，与人同之。"是其义也。于其变也，绌小以申大。尧知子丹朱之不肖，不足授天下。授舜则天下得其利而丹朱病，授丹朱则天下病而丹朱得其利。尧曰，终不以天下之病而利一人，而卒授舜以天下。禹治洪水，十年不窥其家。孔子曰："志士仁人，无求生以害仁，有杀身以成仁。"墨子摩顶放踵，利天下为之。孟子曰："生与义不可得兼，舍生而取义。"范文正曰："一家哭，何如一路哭。"是其义也。循是以往，则所谓人生者，始合于世界进化之公例，而有真正之价值。否则庄生所谓天地之委形委蜕已耳，何足选也。

1916年秋发表

美学观念

美学观念者，基本于快与不快之感。与科学之属于知见，道德之发于意志者，相为对等。科学在乎探究，故论理学之判断，所以别真伪。道德在乎执行，故伦理学之判断，所以别善恶。美感在乎赏鉴，故美学之判断，所以别美丑。是吾人意识发展之各方面也。人类开化之始，常以美术品为巫祝之器具，或以供激情导欲之用。文化渐进，则择其雅驯者，以为教育。如我国唐虞之典乐，希腊之美育，是也。其抽绎纯粹美感之真相，发挥美学判断之关系者，始于近世哲学家，而尤以康德为最著。

康德立美感之界说，一曰超脱，谓全无利益之关系也。二曰普遍，谓人心所同然也。三曰有则，谓无鹄的之可指，而自有其赴的之作用也。四曰必然，谓人性所固

"亢慕义斋图书"章和盖有"亢慕义斋图书"章的德文书。
蔡元培提倡思想自由、兼容并包，为新思想、新文化的传播
和发展开辟了道路。他不仅聘请有新思想的人任教，也支持
其发布新印刷品，并允许在北京大学成立马客士（马克思）主
义研究会等学术团体，并拨出房间设立"亢慕义斋"，收藏
英文版的马列著作，供人们阅读、学习和研究。"亢慕义斋"
实际上也是我国第一个专业的马克思主义文献图书室。

有，而无待乎外铄也。夫人类共同之鹄的，为今日所堪公认者。不外乎人道主义，既如前节所述。而人道主义之最大阻力为专己性，美感之超脱而普遍，则专己性之良药也。而美感者，不独对于妙丽之美而已。又有所谓刚大之美，感于至大，则计量之技无所施；感于至刚，则抵抗之力失其效。故赏鉴之始，几若与美感相冲突。而心神领会，渐觉其不能计量，不能抵抗之小己，益小益弱，浸遁于意识之外。而所谓我相者，乃即此至大至刚之本体，于是乎有无量之快感焉。

康德之所以说美感者，大略如是。而其所主张者，为纯粹形式论。又以主观之价值为限。虽然，自美感进化之事实言之，其形式之渐进而复杂，当与内容相因。且准诸美学家之所创造，与审美者之所评鉴，则客观之价值，亦有未容蔑视者。于是继之而起者，为隐性论及观念论。隐性论者，以美学之对象，初无异于论理，特其程度较低。所谓理性者，尚不能构成为明晰之概念，而隐蔽于感观界之直观者也。观念论者，以美学之内容，不外乎柏拉图哲学之所谓观念者也。夫论理之概念，固以直观为基本，而美感则既托体于直观，而自为复杂之进化。与概念为对待，概念之于实物也。常分析其现象之分子而类比之。美感则举其表象之全体而示现之，两者互相为补充，而决无先后阶段之可言。至于以观念说美学之对象，其义较隐性为长。盖所谓美术家者，常不在实物生活之模仿，而在以其生活表象摄入于创造者之观念。故以观念之义，应用于一切美感之对象，非不当也。而一涉柏拉图之所谓观念，则层递而上，乃渐远于具体之生活，而与美学之事实相违。故最近哲学家，又以具体想象限界之。具体想象者，本种种具体之生活，以行其想象之作用，用形为观念者也。具体生活之形式，最为复杂，又常随历史而进化，以是为美学观念之内容，则于其复杂而进化之故，思过半矣。

且学者之说美学也，而归之于感觉，或隶之于论理，或又纳之于道德若宗教。非以此数者皆与美感结不解之缘故耶？夫美感既为具体生活之表示，而所谓感觉论理道德宗教之属，均占有生活内容之一部，则其错综于美感之内容，亦固其所。而美学观念，初不以是而失其独立之价值也。意志论之所诏示，吾人生活，实以道德为中坚，而道德之究竟，乃为宗教思想。其进化之迹，实皆参互于科学之概念。哲学之理想，概念也，理想也，皆毗于抽象者也。而美学观念，以具体者济之，使吾人意识中，有所谓宁静之人生观。而不至疲于奔命，是谓美学观念唯一之价值。而所由与道德宗教，同为价值论中重要之问题也。

1915年发表

《国民》杂志序

　　《国民》杂志者，北京学生所印行也。学生唯一之义务在求学，胡以牺牲其求学之时间与心力，而从事于普通国民之业务，以营此杂志？曰：迫于爱国之心，不得已也。向使学生而外之国民，均能爱国，而尽力于救国之事业，使为学生者得专心求学，学成而后有以大效于国，诚学生之幸也。而我国大多数之国民，方漠然于吾国之安危，若与己无关。而一部分有力者，乃日以椓丧国家为务。其能知国家主义而竭诚以保护之者，至少数耳。求能助此少数爱国家、唤醒无意识之大多数国民，而抵制椓丧国家之行为，非学生而谁？呜呼！学生之牺牲其时间与心力，以营此救国之杂志，诚不得已也。

　　学生既不得已而出此杂志，则所出杂志之务有以副学生之人格，其要有三：

一曰正确。有一事焉，与吾人之所预期者相迎合，则乍接而辄认为真；又有一事焉，与吾人之所预期者相抗拒，则屡闻尚疑其伪。此心理上普通作用也。言论家往往好凭借此等作用，以造成群众心理，有因数十字之电讯而酿成绝大风潮者，当其时无不成如荼如火之观，及事实大明，而狂热顿熄，言论家之信用荡然矣。故爱国不可不有热诚；而救国之计画，则必持以冷静之头脑，必灼见于事实之不诬而始下判断，则正确之谓也。

二曰纯洁。救国者，艰苦之业也。墨翟生勤而死薄，勾践卧薪而尝胆，范仲淹先天下之忧而忧，后天下之乐而乐。断未有溺情于耳目之娱，侈靡之习，而可以言救国者。近来我国杂志，往往一部分为痛哭流涕长太息之治安策，而一部分则杂以侧艳之诗文，恋爱之小说，是一方面欲增进国民之人格，而一方面则转以陷溺之也。愿《国民》杂志慎勿以无聊之词章充篇幅。

三曰博大。积小群而为大群，小群之利害，必以不与大群之利害相抵触者为标准。家，群之小者也，不能不以国之利害为标准。故有利于家，而又有利于国，或无害于国者，行之。苟有利于家，而有害于国，则绝对不可行。此人人所知也。以一国比于世界，则亦为较小之群。故为国家计，亦当以有利于国，而有利于世界，或无害于世界者，为标准。而所谓国民者，亦同时为全世界人类之一分子。苟倡绝对的国家主义，而置人道主义于不顾，则虽以德意志之强而终不免于失败，况其他乎？愿《国民》杂志勿提倡极端利己的国家主义。

以上三者，皆关于内容者也。至于国民杂志社之进行，最所希望者，曰有恒。《国民》杂志之酝酿，已历半年，卒底于成，不能不佩社员之毅力。自此以前，尚为一鼓作气之时期。若前数期出版以后，渐渐弛其责无旁贷之决心，则此后之困难，正不弱于酝酿时期。愿社员永远保此朝气，进行不怠，则于诸君唤醒国民之初心，始为无负也。是为序。

1919年1月发表

知识问题

人之求知识，与生理上之求营养相等。营养者，凭旧有之机体，吸收新养料而消化之，以增加体力，可以作工。非如瓶碟之类，任意装入食物也。人体不同，营养料不能完全相同。个人特性不同，教育者所授与之知识，亦决不能完全相同。现在美国最通行之"知慧测量"法，若能用之极精，即可以决定选择知识之方法。最要者，不可凭一时政党之政策，或一种宗教家之主义为标准而选定之。如德国主张军国主义。旧日教育，在与普通人以一种零星之知识，造成国民为政府应用之器具；不与以综合之观念，是政治家利用之弊。

中国古代对于"知识"的观念，与"记忆"相似。所以用一个"知"字，与认识朋友之意相同。又用一个

"识"字，与记得的识字相同。后来有人说，人心同明镜，如不受尘染，一遇外物，自然知其是非真伪。此是两种极端之说。一是偏重经验，一是偏重本能。现在采用折衷说，就是认知识是凭着本有的能力，以同化作用，吸收新材料，组成统一的知识。

1921年8月23日讲
在檀香山中国学生会的演说词

美育与人生

　　人的一生，不外乎意志的活动，而意志是盲目的，其所恃以为较近之观照者，是知识；所以供远照、旁照之用者，是感情。

　　意志之表现为行为。行为之中，以一己的卫生而免死，趋利而避害者为最普通。此种行为，仅仅普通的知识就可以指导了。进一步的，以众人的生及众人的利为目的，而一己的生与利即托于其中。此种行为，一方面由于知识上的计较，知道众人皆死而一己不能独生，众人皆害而一己不能独利；又一方面，则亦受感情的推动，不忍独生以坐视众人的死，不忍专利以坐视众人的害。更进一步，于必要时愿舍一己的生以救众人的死，愿舍一己的利以去众人的害，把人我的分别，一己生死利害的关系，统统忘掉了。这种伟大而高尚的行为，是完全发动于感情的。

人人都有感情，而并非都有伟大而高尚的行为，这由于感情推动力的薄弱。要转弱而为强，转薄而为厚，有待于陶养。陶养的工具，为美的对象；陶养的作用，叫作美育。

美的对象，何以能陶养感情？因为他有两种特性：一是普遍，二是超脱。

一瓢之水，一人饮了，他人就没得分润；容足之地，一人占了，他人就没得并立。这种物质上不相入的成例，是助长人我的区别、自私自利的计较的。转而观美的对象，就大不相同。凡味觉、臭觉、肤觉之含有质的关系者，均不以美论；而美感的发动，乃以摄影及音波辗转传达之视觉与听觉为限，所以纯然有"天下为公"之概。名山大川，人人得而游览；夕阳明月，人人得而赏玩；公园的造像，美术馆的图画，人人得而畅观。齐宣王称"独乐乐不若与人乐乐"，"与少乐乐不若与众乐乐"；陶渊明称"奇文共欣赏"；这都是美的普遍性的证明。

植物的花，不过为果实的准备；而梅、杏、桃、李之属，诗人所咏叹的，以花为多。专供赏玩之花，且有因人择的作用，而不能结果的。动物的毛羽，所以御寒，人因有制裘、织呢的习惯，然白鹭之羽，孔雀之尾，乃专以供装饰。宫室，可以避风雨就好了，何以要雕刻与彩画？器具可以应用就好了，何以要图案？语言，可以达意就好了，何以要特制音调的诗歌？可以证明美的作用，是超越乎利用的范围的。

既有普遍性以打破人我的成见，又有超脱性以透出利害的关系，所以当着重要关头，有"富贵不能淫，贫贱不能移，威死不能屈"的气概，甚且有"杀身以成仁"而不"求生以害仁"的勇敢。这是完全不由于知识的计较，而由于感情的陶养，就是不源于智育，而源于美育。

所以吾人固不可不有一种普通职业，以应利用厚生的需要，而于工作的余暇，又不可不读文学，听音乐，参观美术馆，以谋知识与感情的调和。这样，才算是认识人生的价值了。

1931 年前后

我的读书经验

我自十余岁起，就开始读书；读到现在，将满六十年了，中间除大病或其他特别原因外，几乎没有一日不读点书的，然而我没有什么成就，这是读书不得法的缘故。我把不得法的概略写出来，可以作前车之鉴。

我的不得法，第一是不能专心。我初读书的时候，读的都是旧书，不外乎考据、词章两类。我的嗜好，在考据方面，是偏于诂训及哲理的，对于典章名物，是不大耐烦的；在词章上，是偏于散文的，对于骈文及诗词，是不大热心的。然而以一物不知为耻，种种都读；并且算学书也读，医学书也读，都没有读通。所以我曾经想编一部《说文声系义证》，又想编一本《公羊春秋大义》，都没有成书。所为文辞，不但骈文、诗词，没有一首可存的，就是散文也太平凡了。到了四十岁以后，我开始学德文，后来又学法文，我都没有好好儿做那记生字、练文法的苦工，而就是生吞活剥的看书，所以至今不能写一篇合格的文章，作一回短期的演说。在德国进大学听讲以后，哲学史、文学史、文明史、心理学、美学、美术史、民族学，统统去听，那时候，这几类的参考书，也就乱读起来了。后来虽勉自收缩，以美学与美术史为主，辅以民族学；然

1917年6月，北京大学中国哲学门第一届毕业班师生合影（前排右五为蔡元培，前排右四为陈独秀）。1916年9月1日，正旅居法国的蔡元培接到北洋政府教育总长范源濂的电报，请他担任北京大学校长。11月8日，蔡元培一行回到上海。大多数朋友都反对他担任北大校长，少数赞成。而蔡元培自己认为，担任大学校长不是做官，于是决定前往。

而这类的书终不能割爱，所以想译一本美学，想编一部比较的民族学，也都没有成书。

　　我的不得法，第二是不能勤笔。我的读书，本来抱一种利己主义，就是书里面的短处，我不大去搜寻他，我止注意于我所认为有用的或可爱的材料。这本来不算坏，但是我的坏处，就是我虽读的时候注意于这几点，但往往为速读起见，无暇把这几点摘抄出来，或在书上做一点特别的记号。若是有时候想起来。除了德文书检目特详，尚易检寻外，其他的书，几乎不容易寻到了。我国现在有人编"索引""引得"等等。又专门的辞典，也逐渐增加，寻检较易。但各人有各自的注意点，普通的检目，断不能如自己记别的方便。我尝见胡适之先生有一个时期，出门常常携一两本线装书，在舟车上或其他忙里偷闲时翻阅，见到有用的材料，就折角或以铅笔作记号。我想他回家后或者尚有摘抄的手续。我记得有一部笔记，说王渔洋读书时，遇有新隽的典故或词句，就用纸条抄出，贴在书斋壁上，时时览读，熟了就揭去，换上新得的。所以他记得很多。这虽是文学上的把戏，但科学上何尝不可以仿作呢？我因为从来懒得动笔，所以没有成就。

　　我的读书的短处，我已经经验了许多的不方便，特地写出来，望读者鉴于我的短处，第一能专心，第二能勤笔。这一定有许多成效。

1935年4月10日发表

教育的高尚理想

人类者，动物之一种。保持生命，继续种性之本能，动物所同具也。人类之所以别他动物为进化者，以有理想。教育者，养成人格之事业也。使仅仅为灌注知识、练习技能之作用，而不贯之以理想，则是机械之教育，非所以施于人类也。教育界中所不可缺之理想，大要如下：

一曰调和之世界观与人生观。夫世界果为何物，吾人之在世界，究居何等地位，是为哲学界聚讼之问题，诚不宜以举一废百之道强立标准。然无论何人，不可不有其一种之世界观及其与是相应之人生观，则教育之通则也。夫以世界之溥博如是，悠久如是，而吾人仅仅于其间占有数尺之形体，数十年之生命。然则以人生观为本位，而忘有所谓世界观者，其见地之湫隘，所不待言。然溥博者，极微之所积，悠久者，至暂之所延，且所谓溥博而悠久者，亦无以质言其为世界之真相，而特为极微而至暂者之所想象。然则持宇宙论而不认有人生之价值也，亦空漠之主义也，纯正之理想，不可不为世界观与人生观之调和。中国宋代哲学家陆象山曰："宇宙内事，即己分内事；己分内事，即宇宙内事。"其一例也。

二曰担负将来之文化。世界，进化者也。后起者得前辈之事业以为凭借，苟其能力不逊于前人，则其所成立者，必较前人为倍蓰之进步。况教育为播种之业，其收效尚在十年以后，决不能以保存固有之文化为的，而当为更进一步之理想。中国古代之《盘铭》曰："苟日新，日日新，又日新。"此其例也。

三曰独立不惧之精神。夫教育之业，既致力于将来之文化，则凡抱陈死之思想、扭目前之功利，而干涉教育为其前途之障碍者，虽临以教会之势力，劫以政府之权威，亦当孤行其是，而无为所屈。昔苏革拉底行其服从真理之教育，为守旧者所嫉，至于下狱，受鸩而不易其操。此其例也。

四曰安贫乐道之志趣。教育之关系，至为重大，而其生涯，乃至为冷淡。各国小学教员之俸给，有不足以赡其家者。夫人苟以富贵为鹄的，则政治、实业之途，惟其所择；今舍之而委身于教育，则必于淡泊宁静之中，独有无穷之兴趣，虽高官厚禄，不与易焉。孔子曰："饭蔬食，曲肱而枕之，乐亦在其中矣，不义而富且贵，于我如浮云。"谛阿舍纳（Diogene）偃息桶中，亚历山大王问何所欲？对曰：欲汝无掩我日光而已。此其例也。

蔡元培任校长时的北京大学第一院。蔡元培主张无论何种学派，只要其言在理，持之有故，即使彼此意见相反，也听他们自由发展。因此，在北大的教员中，不仅有"拖长辫而持复辟论"的辜鸿铭、"筹安会"发起人刘师培，还有思想保守的学者黄侃、陈汉章等，更有一个以陈独秀为首的革新营垒。

　　夫以当今物质文明之当王，拜金主义之盛行，上述诸义，几何不被目为迂阔，然教育指导社会，而非随逐社会者也，则乌得不于是加之意焉。

交友的境界

　　人情喜群居而恶离索，故内则有家室，而外则有朋友。朋友者，所以为人损痛苦而益欢乐者也。虽至快之事，苟不得同志者共赏之，则其趣有限；当抑郁无聊之际，得一良友慰其寂寞，而同其忧戚，则胸襟豁然，前后殆若两人。至于远游羁旅之时，兄弟戚族，不遑我顾，则所需于朋友者尤切焉。

　　朋友者，能救吾之过失者也。凡人不能无偏见，而意气用事，则往往不遑自返，斯时得直谅之友，忠告而善导之，则有憬然自悟其非者，其受益孰大焉。

　　朋友又能成人之善而济其患。人之营业，鲜有能以独力成之者，方今交通利便，学艺日新，通功易事之道愈密，欲兴一业，尤不能不合众志以成之。则所需于朋友之助力者，自因之而益广。至于猝遇疾病，或值变故，所以慰藉而保护之者，自亲戚家人而外，非朋友其谁望耶？

朋友之有益于我也如是。西哲以朋友为在外之我，洵至言哉。人而无友，则虽身在社会之中，而胸中之岑寂无聊，曾何异于独居沙漠耶？

古人有言，不知其人，观其所与。朋友之关系如此，则择交不可以不慎也。凡朋友相识之始，或以乡贯职业，互有关系；或以德行才器，素相钦慕，本不必同出一途。而所以订交者，要不为一时得失之见，而以久要不渝为本旨。若乃任性滥交，不顾其后，无端而为胶漆，无端而为冰炭，则是以交谊为儿戏耳。若而人者，终其身不能得朋友之益矣。

既订交矣，则不可以不守信义。信义者，朋友之第一本务也。苟无信义，则猜忌之见，无端而生，凶终隙末之事，率起于是。惟信义之交，则无自而离间之也。

朋友有过，宜以诚意从容而言之，即不见从，或且以非理加我，则亦姑恕宥之，而徐俟其悔悟。世有历数友人过失，不少假借，或因而愤争者，是非所以全友谊也。而听言之时，则虽受切直之言，或非人所能堪，而亦当温容倾听，审思其理之所在，盖不问其言之得当与否，而其情要可感也。若乃自讳其过而忌直言，则又何异于讳疾而忌医耶？

夫朋友有成美之益，既如前述，则相为友者，不可以不实行其义。有如农工实业，非集巨资合群策不能成立者，宜各尽其能力之所及，协而图之。及其行也，互持契约，各守权限，无相诈也，无相诿也，则彼此各享其利矣。非特实业也，学问亦然。方今文化大开，各科学术，无不理论精微，范围博大，有非一人之精力所能周者。且分科至繁，而其间乃互有至密之关系。若专修一科，而不及其他，则孤陋而无藉，合各科而兼习焉，则又泛滥而无所归宿，是以能集同志之友，分门治之，互相讨论，各以其所长相补助，则学业始可抵于大成矣。

虽然，此皆共安乐之事也，可与共安乐，而不可与共患难，非朋友也。朋友之道，在扶困济危，虽自掷其财产名誉而不顾。否则如柳子厚所言，平日相征逐、相慕悦，誓不相背负；及一旦临小利害若毛发、辄去之若浼者。人生又何贵有朋友耶？

朋友如有悖逆之征，则宜尽力谏阻，不可以交谊而曲徇之。又如职司所在，公而忘私，亦不得以朋友之请谒若关系，而有所假借。申友谊而屈公权，是国家之罪人也。朋友之交，私德也；国家之务，公德也。二者不能并存，则不能不屈私德以从公德。此则国民所当服膺者也。

《中学生修身教科书》第一章第九节

为什么要研究学问

　　学问是各种有系统的知识；研究学问，是接受一种有系统的知识，而窥破他尚有不足或不确的点，专心研求，要有一种新发明或新发见，来补充他，或改正他。所以，不能接受一种有系统的知识及与之有关系的知识，不能谈研究。已接受一种有系统的知识，而不尽力于新发明或新发见，也就不是研究。

　　为什么要研究？因为人类有创造欲，有永求进步的意识，这就是人类灵于其他动物的一点。各种动物，都不能于自身上求无穷的进步，而人类不然。蜘蛛能结网，比人类的渔猎还早一点；虫鸟能飞翔，比人类的航空还早一点；蜂能储蜜，比人类的制精还早一点；蚁能牧蚜虫，比人类的养乳牛还早一点。然而人类的渔猎、航空、制精、牧牛等业，异常发展，而蜘蛛、虫、鸟、蜂、蚁等的知识与技能，终古不变。鹦鹉能言，狗马能计算，物象能演戏，然皆出于被动，是机械式的，而人类的知识，是自动的，是变化无穷的。且人类的系统知识，可以随年龄与程度而自成一圈自小而大，自简单而复杂，各有创造的范围。在普通观察，自以大学毕业而进研究院者为合格，然中、小学校的学生，也各有他们程度适合的系统知识，也可以有发明与发见的希望。因为人类的创造力，经历代遗传的酝酿，虽在幼稚时期，也有跃跃欲试的气概，所患的是环境不适宜罢了。苏联有儿童科学研究所及儿童美术研究所，成效卓著，可以见小学生未尝不可以做研究的工作，那中学生程度较高，更毋庸疑虑了。这正如服兵役、保公安，虽是成人的义务，然而童子军的组织，已为各国所公认。因为自卫的意识，已成人类天性的缘故。今利用人类乐于创造的天性，而随时与以研究的机会，用意正同，并不能认为躐等的。

要有良好的社会，必先有良好的个人，要有良好的个人，就要先有良好的教育。

第四章

青年的
责任

对于新教育之意见

近日在教育部与诸同人新草学校法令，以为征集高等教育会议之预备，颇承同志饷以谠论。顾关于教育方针者殊寡，辄先述鄙见以为嚆引，幸海内教育家是正之。

教育有二大别：曰隶属于政治者，曰超轶乎政治者。专制时代（兼立宪而含专制性质者言之），教育家循政府之方针以标准教育，常为纯粹之隶属政治者。共和时代，教育家得立于人民之地位以定标准，乃得有超轶政治之教育。清之季世，隶属政治之教育，腾于教育家之口者，曰军国民教育。夫军国民教育者，与社会主义僻驰，在他国已有道消之兆。然在我国，则强邻交逼，亟图自卫，而历年丧失之国权，非凭借武力，势难恢复。且军人革命以后，难保无军人执政之一时期，非行举国皆兵之制，将使军人社会，永为全国中特别之阶级，而无以平均其势力。则如所谓军国民教育者，诚今日所不能不采者也。

虽然，今之世界，所恃以竞争者，不仅在武力，而尤在财力。且武力之半，亦由财力而孳乳。于是有第二之隶属政治者，曰实利主义之教育，以人民生计为普通教育之中坚。其主张最力者，至以普通学术，悉寓于树艺、烹饪、裁缝及金、木、土工之中。此其说创于美洲，而近亦盛行于欧陆。我国地宝不发，实业界之组织尚幼稚，人民失业者至多，而国甚贫。实利主义之教育，固亦当务之急者也。

是二者，所谓强兵富国之主义也。顾兵可强也，然或溢而为私斗，为侵略，则奈何？国可富也，然或不免知欺愚，强欺弱，而演贫富悬绝，资本家与劳动家血战之惨剧，则奈何？曰："教之以公民道德。"何谓公民道德？曰："法兰西之革命也，所标揭者，曰自由、平等、亲爱。道德之要旨，尽于是矣。"孔子曰："匹夫不可夺志。"孟子曰："大丈夫者，富贵不能淫，贫贱不能移，威武不能屈。"自由之谓也。古者盖谓之义。孔子曰："己所不欲，勿施于人。"子贡曰："我不欲人之加诸我也，吾亦欲毋加诸人。"《礼记·大学》曰："所恶于前，毋以先后；所恶于后，毋以从前；所恶于右，毋以交于左；所恶于左，毋以交于右。"平等之谓也。古者盖谓之恕。自由者，就主观而言之也。然我欲自由，则亦当尊人之自由，故通于客观。平等者，就客观而言之也。然我不以不平等遇人，则亦不容人之以不平等遇我，故通于主观。二者相对而实相成，要皆由消极一方面言之。苟不进之以积极之道德，则夫吾同胞中，固有因生禀之不齐，境遇之所迫，企自由而不遂，求与人平等而不能者。将一切恕置之，而所谓自由若平等之量，仍不能无缺陷。孟子曰："鳏寡孤独，天下之穷民而无告者也。"张子曰："凡天下疲癃残疾茕独鳏寡，皆吾兄弟之颠连而无告者也。"禹思天下有溺者，由己溺之。稷思天下有饥者，由己饥之。伊尹思天下之人，匹夫匹妇，有不与被尧舜之泽者，若己推而纳之沟中。孔子曰："己欲立而立人，己欲达而达人。"亲爱之谓也。古者盖谓之仁。三者诚一切道德之根源，而公民道德教育之所有事者也。

教育而至于公民道德，宜若可为最终之鹄的矣。曰未民。公民道德之教育，犹未能超轶乎政治者也。世所谓最良政治者，不外乎以最大多数之最大幸福为鹄的。最大多数者，积最少数之一人而成者也。一人之幸福，丰衣足食也。无灾无害也，不外乎现世之幸福。积一人幸福而为最大多数，其鹄的犹是。立法部之所评议，行政部之所执行，司法部之所保护，如是而已矣。即进而达《礼运》之所谓大道为公，社会主义家所谓未来之黄金时代，人各尽所能，而各得其所需要，要亦不外乎现世之幸福。盖政治之鹄的，如是而已矣。一切隶属政治之教育，充其量亦如是而已矣。

虽然，人不能有生而无死。现世之幸福，临死而消灭。人而仅仅以临死消灭之幸福为鹄的，则所谓人生者有何等价值乎？国不能有存而无亡，世界不能有成而无毁，全国之民，全世界之人类，世世相传，以此不能不消灭之幸福为鹄的，则所谓国民若人类者，有何等价值乎？且如是，则就一人而言之，杀身成仁也，舍生取义也，舍己而为群也，有何等意义乎？就一社会而言之，与我以自由乎，否则与我以死，争一民族之自由，不至沥全民族最后之一滴血不已，不至全国为一大冢不已，有何等意义乎？且人既无一死生破利害之观念，则必无冒险之精神，无远大之计划，见小利，急近功，则又能保其不为失节堕行身败名裂之人乎？谚曰："当局者迷，旁观者清。"非有出世间之思想者，不能善处世间事，吾人即仅仅以现世幸福为鹄的，犹不可无超轶现世之观念，况鹄的不止于此者乎？

以现世幸福为鹄的者，政治家也；教育家则否。盖世界有二方面，如一纸之有表里：一为现象，一为实体。现象世界之事为政治，故以造成现世幸福为鹄的；实体世界之事为宗教，故以摆脱现世幸福为作用。而教育者，则立于现象世界，而有事于实体世界者也。故以实体世界之观念为其究竟之大目的，而以现象世界之幸福为其达于实体观念之作用。

然则现象世界与实体世界之区别何在耶？曰：前者相对，而后者绝对；前者范围于因果律，而后者超轶乎因果律；前者与空间时间有不可离之关系，而后者无空间时间之可言；前者可以经验，而后者全恃直观。故实体世界者，不可名言者也。然而既以是为观念之一种矣，则不得不强为之名，是以或谓之道，可谓之太极，或谓之神，或谓之黑暗之意识，或谓之无识之意志。其名可以万殊，而观念则一。虽哲学之流派不同，宗教家之仪式不同，而其所到达之最高观念皆如是。（最浅薄之惟物论哲学，及最幼稚之宗教祈长生求福利者，不在此例。）

　　然则，教育家何以不结合于宗教，而必以现象世界之幸福为作用？曰：世固有厌世派之宗教若哲学，以提撕实体世界观念之故，而排斥现象世界。因以现象世界之文明为罪恶之源，而一切排斥之者。吾以为不然。现象实体，仅一世界之两方面，非截然为互相冲突之两世界。吾人之感觉，既托于现象世界，则所谓实体者，即在现象之中，而非必灭乙而后生甲。其现象世界间所以为实体世界之障碍者，不外二种意识：一、人我之差别，二、幸福之营求是也。人以自卫力不平等而生强弱，人以自存力不平等而生贫富。有强弱贫富，而彼我差别之意识起。弱者贫者，苦于幸福之不足，而营求之意识起。有人我，则于现象中有种种之界画，而与实体违。有营求则当其未遂，为无已之苦痛。及其既遂，为过量之要索。循环于现象之中，而与实体隔。能剂其平，则肉体之享受，纯任自然，而意识界之营求泯，人我之见亦化。合现象世界各别之意识为浑同，而得与实体吻合焉。故现世幸福，为不幸福之人类到达于实体世界之一种作用，盖无可疑者。军国民、实利两主义，所以补自卫自存之力之不足。道德教育，则所以使之互相卫互相存，皆所以泯营求而忘人我者也。由是而进以提撕实体观念之教育。

提撕实体观念之方法如何？曰：消极方面，使对于现象世界，无厌弃而亦无执著；积极方面，使对于实体世界，非常渴慕而渐进于领悟。循思想自由言论自由之公例，不以一流派之哲学一宗门之教义梏其心，而惟时时悬一无方体无始终之世界观以为鹄。如是之教育，吾无以名之，名之曰世界观教育。

虽然，世界观教育，非可以旦旦而聒之也。且其与现象世界之关系，又非可以枯槁单简之言说袭而取之也。然则何道之由？曰美感之教育。美感者，合美丽与尊严而言之，介乎现象世界与实体世界之间，而为津梁。此为康德所创造，而嗣后哲学家未有反对之者也。在现象世界，凡人皆有爱恶惊惧喜怒悲乐之情，随离合生死祸福利害之现象而流转。至美术则即以此等现象为资料，而能使对之者，自美感以外，一无杂念。例如采莲煮豆，饮食之事也，而一入诗歌，则别成兴趣。火山赤舌，大风破舟，可骇可怖之景也，而一入图画，则转堪展玩。是则对于现象世界，无厌弃而亦无执著也。人既脱离一切现象世界相对之感情，而为浑然之美感，则即所谓与造物为友，而已接触于实体世界之观念矣。故教育家欲由现象世界而引以到达于实体世界之观念，不可不用美感之教育。

五者，皆今日之教育所不可偏废者也。军国民主义，实利主义，德育主义三者，为隶属于政治之教育。（吾国古代之道德教育，则间有兼涉世界观者，当分别论之。）世界观、美育主义二者，为超轶政治之教育。

以中国古代之教育证之，虞之时，夔典乐而教胄子以九德，德育与美育之教育也；周官以卿三物教万民，六德六行，德育也；六艺之射御，军国民主义也；书数，实利主义也；礼为德育；而乐为美育。以西洋之教育证之，希腊人之教育为体操与美术，即军国民主义与美育也；欧洲近世教育家，如海尔巴脱氏纯持美育主义；今日美洲之杜威派，则纯持实利主义者也。

以心理学各方面衡之，军国民主义毗于意志；实利主义毗于知识；德育兼意志情感二方面；美育毗于情感；而世界观则统三者而一之。

以教育界之分言三育者衡之，军国民主义为体育；实利主义为智育；公民道德及美育皆毗于德育；而世界观则统三者而一之。

以教育家之方法衡之，军国民主义，世界观，美育，皆为形式主义；实利主义为实质主义；德育则二者兼之。

譬之人身：军国民主义者，筋骨也，用以自卫；实利主义者，胃肠也，用以营养；公民道德者，呼吸机循环机也，周贯全体；美育者，神经系也，所以传导；世界观者，心理作用也。附丽于神经系，而无迹象之可求。此即五者不可偏废之理也。

本此五主义而分配于各教科，则视各教科性质之不同，而各主义所占之分数，亦随之而异。国语国文之形式，其依准文法者属于实利，而依准美词学者，属于美感。其内容则军国民主义当占百分之十，实利主义当占其四十，德育当占其二十，美育当占其二十五，而世界观则占其五。

修身，德育也，而以美育及世界观参之。

历史、地理，实利主义也。其所叙述，得并存各主义。历史之英雄，地理之险要及战绩，军国民主义也；记美术家及美术沿革，写各地风景及所出美术品，美育也；记圣贤，述风俗，德育也；因历史之有时期，而推之于终始，因地理之有涯涘，而推之于无方体，及夫烈士、哲人、宗教家之故事及遗迹，皆可以为世界观之导线也。

算学，实利主义也，而数为纯然抽象者。希腊哲人毕达哥拉士以数为万物之原，是亦世界观之一方面；而几何学各种线体，可以资美育。

物理化学，实利主义也。原子电子，小莫能破，爱耐而几（Energy），范围万有，而莫知其所由来，莫穷其所究竟，皆世界观之导线也；视官听官之所触，可以资美感者尤多。

博物学，在应用一方面，为实利主义；而在观感一方面，多为美感。研究进化之阶段，可以养道德，体验造物之万能，可以导世界观。

图画，美育也。而其内容得包含各种主义：如实物画之于实利主义，历史画之于德育是也。其至美丽至尊严之对象，则可以得世界观。

唱歌，美育也，而其内容，亦可以包含种种主义。

手工，实利主义也，亦可以兴美感。

游戏，美育也；兵式体操，军国民主义也；普通体操，则兼美育与军国民主义二者。

上之所著，仅具辜较，神而明之，在心知其意者。

满清时代，有所谓钦定教育宗旨者，曰忠君，曰尊孔，曰尚公，曰尚武，曰尚实。忠君与共和政体不合，尊孔与信教自由相违(孔子之学术，与后世所谓儒教、孔教当分别论之。嗣后教育界何以处孔子，及何以处孔教，当特别讨论之，兹不赘)，可以不论。尚武，即军国民主义也。尚实，即实利主义也。尚公，与吾所谓公民道德，其范围或不免有广狭之异，而要为同意。惟世界观及美育，则为彼所不道，而鄙人尤所注意，故特疏通而证明之，以质于当代教育家，幸教育家平心而讨论焉。

1912年2月发表

在浦东中学演说词

　　杨锦春先生创此校时，邀上海学界中人与议，当时弟亦在场，即钦佩之。因富豪不肯捐资兴学，而杨先生独能之也。校成，又提出勤、朴二字，以诏职员学生，弟又甚钦佩之。盖勤、朴二字，即彼自己所经历也。彼无资本，何以能创此校乎？彼何以有资本乎？以其勤于工业，故收入甚丰也。然收入虽丰，苟徒逞一身之快乐，则资本又将消耗矣，安有余钱创此校乎？吾故曰，勤、朴二字，实为校主一身得力之处。不惟此而已，浦东中学，即勤、朴之产物，苟非勤、朴，安能产出一浦东中学乎？

　　吾今又欲提出一字，以补校主所未言，即公字是也。此字虽校主未曾明言，然彼能捐产兴学，不徒自私自利，即其公也。是校主虽未言公字，却能实行公字也。苟非公，又安得有浦东中学乎？校主所以能创此校，由于实行勤、朴、公之三字。此所以为一代伟人，而足以为吾人模范也。

吾人生此民国初建时代，即以奉行此三字为要务；中学生，尤以奉行此三字为要务，何也？国民教育，当遍设小学于国中，养成国民应有之智识技能，似已满足。何故尚须中学乎？盖中学者，（一）为高等普通学，（二）为预备专门学。人必有高等普通学及预备专门学，始能日进不已也。小学教育，授人以应有之智识技能，似已足维持现状矣。然人民不但以对付现状为究竟，尚须求进步也。世俗之见，或以为指导国民，其责在政府，不免以不肖之心自待矣。或以指导国民，责在学识兼优之学者，此说似较贤。然吾谓实有指导国民之力量者，厥惟中学生，何也？以其受高等普通学，又能进求专门学，故可指导普通国民也。推而广之，虽谓能指导普通人类，亦无不可。故在中学校中之人，即当以此自任。

中学生负指导国民之任，将注意何事乎？共和国最重道德，与从前以官僚居首要之主义，适相反对。从前风俗，以科名为荣耀，自幼即揣摩科举。所以然者，为欲藉考试而得做官也，为做官可得较优之财产，较优之名誉也。故财产、名誉，一归于官僚。盖专制国以君主为最有财产、名誉，以此类推，故小官得小财产，小名誉；大官得大财产，大名誉，故财产、名誉，一归于官僚。今试问，吾国此风已改乎？实未之改也。不但官员未改此风，即议员亦不脱官僚之习。如此旧染污俗，永锢国民之身而不洗除，则吾国将来决难立于世界之上，何也？盖世界强国，决不如此趋向也。政以贿成，决不能强国也。何故政以贿成乎？为官僚贪贿也。官僚所以贪贿者，为不勤也。不勤者无正当之收入，不能以自力自养，必有不正当之收入，庶足以济。欲求不正当之收入，于是乎贪；彼又有不正当之耗费，故又不能不贪。贪，故政以贿成也。夫为农、为工、为商，均须有正当之劳力，始有正当之收入；不勤不朴者，既不能效正之劳力，即不能有正当之收入，于是，只可求途于官僚，以冀不正当之收入。若国民相率而求不正当之收入，斯其国危矣。

世界优强之国，官吏收入，较诸实业之收入，不如远甚，故国民相率趋实业而避官僚。今欲挽救吾国之弊，亦惟趋重实业而避官僚而已。今年本校添设工业班，正与此义相合，此又愿与诸君劝勉者也。

趋重实业，即可实行勤、朴、公三字，与旧道德不背，亦与新道德相合。旧道德曰义、曰恕、曰仁等，皆足与勤、朴、公三字互相发挥；新道德如自由、平等、权利、义务，亦赖勤、朴、公而圆满。或疑自由、平等与勤、朴不相容，此误解也。欲依赖他人，即不自由；依赖性，即由不勤所养成。即就小节言之，如起身要人伺候，出外要人跟随，若无人伺候跟随，几乎寸步难行，岂非不自由乎？此等不自由，皆由不勤所养成。故勤即自由，自由赖勤而后完全也。赖父、兄家产而生活者，可不自劳动而得衣食，当其任意耗费时，直可谓世界之蠹虫；及其耗费尽而变为穷汉，其苦有不堪言者，此又可见不勤之不自由矣。朴者，衣、食、住不奢侈也。余谓惟朴者最自由，因其无往不宜也。习于奢侈者，非美衣不衣，非美食不食；一旦遇世乱，美衣、美食不可得，遇粗粝不下咽，得布素不温暖，其不自由又何如乎？此即自由赖勤朴而完满之说也。或疑平等与勤朴无关，岂知世界之不平等，即由于有人不勤朴乎。一夫不耕，或受之饥；一女不织，或受之寒。己之四体不勤，其影响足令他人受饥寒，此不平等之由于不勤者也。奢侈之家，一饮一食，或耗中人十家之产，以一人之不朴，令多数人迫于饥寒，此又不平等之由于不朴者也。不勤不朴，既不自由，又不平等，刻削他人以利己，尚望其尽己之职，兼为他人尽职乎？杨先生建中学于浦东，为地方造福，即尽己之职，兼为他人尽职也。所以能如此者，即由能勤朴也，岂非吾人所当效法者乎？

或又谓有权利始有义务，惟奴隶有义务而无权利。余则谓权利由义务而生，无义务外之权利。优强人种，得在世界上占优强之位置，亦赖无数先哲之尽义务于前耳。……故生而为人，有几十年之生命，即有几十年之义务。当我之幼时，未能为己、为人尽义务，而有教我、养我者，此被养、被教之权利，乃我预支之权利也。他日者，我任教人、养人之责任，即我应偿之义务也。至老年无力尽义务，而不妨享固有之权利，即支用中年所积蓄者而已。故中年之人，为绝对的应尽义务之人，其尽义务，半以偿幼年之预支，半以供老年之享用。故人努力之机会，全在中年，中学生即中年之起步，安可不自勉乎？

人之生命，不可半途丧失。而有半途丧失者，譬如机器中途被毁，未尽其用，岂不可惜乎？人赖衣、食、住而生，故衣、食、住为保命之要务是也。然使但以衣、食、住保命，而更无活动以尽义务，人生亦太无聊矣。譬如机器，须有房屋以藏之，修理以维持之，此亦机器之权利也。然使但藏诸房屋而不尽其用，则机器之为机器，又何足贵乎？人之能力，远非机器之比，果能为人类尽义务，则衣、食、住之权利，不难取得。且本当发挥其良能，以庄严此世界。余故曰，权利由义务而生，无义务外之权利，而勤朴则义务自尽。

或又谓世界文明进步，机械甚多，交通便利，有无须劳动者；且因机械多，交通便，而装饰品增多，似无须尚朴者，此谬论也。机械多，交通便，所以催人勤，而非阻人勤。用机器而物价廉，地无不辟，事无不举，即助人勤之证也。美国人爱迪生，固发明机器，而赞美机器之功，谓世界数十年后，可无贫人，即机器助人勤之说也。至于交通便而装饰品多，乃以装饰普及于人民，非欲个人穷奢极侈也。世界文明进步，无非以向时少数人所独享者，普及于人人而已。即就建筑布置而论，最讲究者，为学堂、博物院、公园，皆为人人可至之地，亦一证也。昔时惟多财者可以远游，而远游一次，须费多数金钱。今则交通便而旅费廉，远游之举，可普及于人人矣，非教人奢侈也，所以补偏狭之见而渐趋大同也。我国老子，俄儒托尔斯泰所主张，似有反对机器、交通之意，即以机器、交通，似与勤朴主义不合也。余则谓勤朴主义，适与机器、交通相得益彰，似无须过虑。故吾国人今日奉行勤朴主义，不至与世界潮流反对，亦适与自国国情相合。

余又提出一公字。所谓公者，即他人尽不到之义务，吾人为之代尽也。试举一例，即杨先生之捐产兴学是矣。吾人亦当以杨先生之心为心，尽他人未尽之义务，则道德高而旧染除，国日以强矣。

1913年6月14日讲，有删改

什么是思想自由

....

　　人生在世，身体极不自由。以贵校体育论，跃高掷重，成绩昭然。（本岁远东运动会，本校同学以跃高、掷重列名，故先生言如此。）然而练习之始，其难殆百倍于成功之日。航空者置身太空，自由极矣，乃卒不能脱巨风之险。习语言者，精一忘百，即使能通数地或数国方言，然穷涉山川，终遇隔膜之所。是知法律之绳人，亦犹是也。然法律不自由中，仍有自由可寻。自由者何？即思想是也。但思想之自由，亦自有界说。彼倡天地新学说者，必以地圆为谬，而倡其地平日动之理。其思想诚属自由，然数百年所发明刊定不移之理，讵能一笔抹杀！且地圆之证据昭著，既不能悉以推翻，修取一二无足轻重之事，为地平证，则其学说不能成立宜也。又如行星之轨道，为有定所，精天文者，久已考明。乃幻想者流，必数执已定之理，屏为不足道，别创其新奇之论。究其实，卒与倡天地新学说者将同归失败。此种思想，可谓极不自由。盖真理既已公认不刊，而驳之者犹复持闭关主义，则其立论终不得为世人赞同，必矣。

舍此类之外，有所谓最自由者，科学不能禁，五官不能干，物质不能范，人之寿命，长者百数十年，促者十数年，而此物之存在，则卒不因是而间断。近如德人之取尸炸油，毁人生之物质殆尽，然其人之能存此自由者，断不因是而毁灭。在昔有倡灵魂论，宗教家主之，究之仍属空洞。分思想于极简单，分皮毛于极细小，仍亦归之物质，而物质之作用，是否属之精神，尚不可知。但精神些微之差，其竟足误千里。故精神作用，现人尚不敢曰之为属于物质，或曰物质属之于精神。且精神、物质之作用，是否两者具备，相辅而行？或各自为用，毫不相属？均在不可知之数。如摄影一事，其存者果为精神？抑为物质、精神两者均系之？或两者外别有作用？此实不敢武断。

论物质，有原子，原子分之又有电子。究竟原子、电子何属？吾人之思想试验，殊莫知其奥。论精神，其作用之最微者又何而属？吾人更不得知。而空中有所谓真空，各个以太，实则其地位何若，态度何似，更属茫然。度量衡之短而小者，吾人可以意定，殆分之极细，长之极大，则其极不得而知。譬之时计，现为四句钟，然须臾四钟即逝，千古无再来之日，其竟又将如何耶？伍廷芳先生云：彼将活二百岁。二百岁以后何似？推而溯之原始，终不外原子、电子之论，考地质者，亦不得极端之证验。地球外之行星，或曰已有动物存在，其始生如何，亦未闻有发明者。

人生在世，钩心斗智，相争以学术，鞠躬尽瘁，死而后已，亦无非争此未勘破之自由。评善恶者，何者为善，何者为恶，禁作者为违法之

鲁迅设计的北京大学校徽。应蔡元培要求，鲁迅为北大设计校徽。该设计巧妙地将"北大"二字组成一个圆形图案。1920年8月，鲁迅正式被聘为北大文科讲师，讲授"中国小说史略"。他学识渊博，生动精彩的讲课吸引了外系甚至校外的青年慕名来旁听。诗人冯至回忆，有人听了一年课之后，第二年仍继续去听，一点也不觉得重复。

事，而不作者亦非尽恶。以卫生论，卫生果能阻死境之不来欤？生死如何，民族衰亡如何，衰亡之早晚又如何，此均无确当之论。或曰终归之于上帝末日之裁判，此宗教言也。使上帝果人若，则空洞不可得见，以脑力思之，则上帝非人，而其至何时，其竟何似，均不可知，是宗教亦不足征信也。有主一元说者，主二元说者，又有主返原之论者，使人人倾向于原始之时。今之愿战，有以为可忧，有以为思想学术增进之导线。究之以上种种，均有对待可峙，无人敢信其为绝对的可信，亦无有令人绝对的可信之道也。

是故，吾人今日思想趋向之竟，不可回顾张皇，行必由径，反之失其正鹄。西人今日自杀之多，殆均误于是道。且至理之信，不必须同他人；己所见是，即可以之为是。然万不可诪张为幻。此思想之自由也。凡物之评断力，均随其思想为定，无所谓绝对的。一己之学说，不得束缚他人；而他人之学说，亦不束缚一己。诚如是，则科学、社会学等等，将均任吾人自由讨论矣。

1917年6月发表
在南开敬业励学演说三会联合讲演会上的
演说词，有删改

真正的自由

鄙人耳育德学校之名，由来已久，今乘大学休假之际，得以躬莅斯地，与诸君子共语一堂，甚属快事。因贵校以育德为号，而校中又设有留法预科，乃使鄙人联想及于法人之道德观念。法自革命以后，有最显著、最普遍之三词，到处揭著，即自由、平等、友爱是也。夫是三者，是否能尽道德之全，固难遽定，然即证以中国意义，要亦不失为道德之重要纲领。

所谓自由，非放恣自便之谓，乃谓正路既定，矢志弗渝，不为外界势力所征服。孟子所称"富贵不能淫，贫贱不能移，威武不能屈"者，此也。准之吾华，当曰义。所谓平等，非均齐不相系属之谓，乃谓如分而与，易地皆然，不以片面方便害大公。孔子所称"己所不欲，勿施于

民国时期，燕京大学自修活动室。

人"者，此也。准之吾华，当曰恕。所谓友爱，义斯无歧，即孔子所谓"己欲立而立人，己欲达而达人"。张子所称"民胞物与者"，是也。准之吾华，当曰仁。仁也，恕也，义也，均即吾中国古先哲旧所旌表之人道信条，即征西方之心同理同，亦当宗仰服膺者也。

是以鄙人言人事，则必以道德为根本；言道德，则又必以是三者为根本。盖人生心理，虽曰智、情、意三者平列，而语其量，则意最广，征其序则意又最先。此固近代学者所已定之断案。就一人之身而考三性发达之迟早，就矿植动三物之伦而考三性包含之多寡，与夫就吾人日常之识一物、立一义而考三性应用之疾徐，皆有其不可掩者。故近世心理学，皆以意志为人生之主体，惟意志之所以不能背道德而向道德，则有赖乎知识与感情之翼助。此科学、美术所以为陶铸道德之要具，而凡百学校皆据以为编制课程之标准也。自鄙人之见，亦得以三德证成之。二五之为十，虽帝王不能易其得数，重坠之趋下，虽兵甲不能劫之反行，此科学之自由性也。利用普乎齐民，不以优于贵；立术超乎攻取，无所党私。此科学之平等性及友爱性也。若美术者，最贵自然，毋意毋必，则自由之至者矣。万象并包，不遗贫贱，则平等之至者矣。并世相师，不问籍域，又友爱之至者矣。故世之重道德者，无不有赖乎美术及科学，如车之有两轮，鸟之有两翼也。

今闻贵校学风，颇致力于勤、俭二字。勤则自身之本能大，无需于他；俭则生活之本位廉，无人不得，是含自由义。且勤者自了己事，不役人以为工；俭者自享己分，不夺人以为食，是含平等义。勤者输吾供以易天下之供，俭者省吾求以裕天下之求，实有烛于各尽所能、各取所需之真谛，而不忍有一不克致社会有一不获之夫，是含友爱义。诸君其慎毋以二字为庸为小。天下盖尽有几多之恶潮，其极也，足以倾覆邦命，荼毒生灵，而其发源，乃仅由于一二少数人自恣之心所鼓荡者。如往者筹安会之已事，设其领袖俱习于勤俭，肯为寻常生活，又何至有此。然则此二字者，造端虽微，而潜力则巨。鄙人对于贵校之学风，实极端赞成矣。惟祝贵校以后法文传习日广，能赴法留学者日多，俾中国之义、恕、仁与法国之自由、平

中华民国南京临时政府教育部旧址。蔡元培担任民国教育总长期间，所从事的一项重要工作是创建教育行政机构，主要就是创建中央行政机构，即教育部。他所从事的另一项重要工作是颁布了《普通教育暂行办法》和《普通教育暂行课程标准》这两个重要法令。

等、友爱融化，而日进于光大。是非党法，法实有特宜于国人旅学之点：旅用廉也，风习新也，前驱众也，学说之纯正，不杂以君制或宗教之匿瑕也，国民之浸淫于自由、平等、友爱者久，而鲜侮外人也，皆其著也。

1918年1月5日讲
在育德学校演说之述意

黑暗与光明的消长

　　我们为什么开这个演说大会？因为大学职员的责任，并不是专教几个学生，更要设法给人人都受一点大学的教育，在外国叫作平民大学。这一回的演说会，就是我国平民大学的起点！

　　但我们的演说大会，何以开在这个时候呢？现在正是协约国战胜德国的消息传来，北京的人都高兴的了不得。请教为什么要这样高兴？怕有许多人答不上来。所以我们趁此机会，同大家说说高兴的缘故。

　　诸君不记得波斯拜火教的起源么？他用黑暗来比一切有害于人类的事，用光明来比一切有益于人类的事。所以说世界上有黑暗的神与光明的神相斗，光明必占胜利。这真是世界进化的状态。但是黑暗与光明，程度有浅深，范围也有大小，譬如北京道路，从前没有路灯。行路的人，必要手持纸灯。那时候光明的程度很浅，范围很小。后来有公设的煤油灯，就进一步了。近来有电灯、汽灯，光明的程度更高了，范围更广了。世界的进化也如此。距今一百三十年前的法国大革命，把国内政治上一切不平等黑暗主义都消灭了。现在世界大战争的结果，协约国占了胜利，定要把国际间一切不平等的黑暗主义都消灭了，别用光明主义来代他。所以全世界的人，除了德、奥的贵族以外，没有不高兴的。请提出几个交换的主义作个例证：

第一是黑暗的强权论消灭，光明的互助论发展。从陆谟克、达尔文等发明生物进化论后，就演出两种主义：一是说生物的进化，全恃互竞，弱的竞不过，就被淘汰了，凡是存的，都是强的。所以世界止有强权，没有公理。一是说生物的进化，全恃互助，无论怎么强，要是孤立了，没有不失败的。但看地底发见的大鸟大兽的骨，他们生存时何尝不强，但久已灭种了。无论怎么弱，要是合群互助，没有不能支持的。但看蜂蚁，也算比较的弱极了，现在全世界都有这两种动物。可见生物进化，恃互助，不恃强权。此次大战，德国是强权论代表。协商国，互相协商，抵抗德国，是互助论的代表。德国失败了。协商国胜利了。此后人人都信仰互助论，排斥强权论了。

第二是阴谋派消灭，正义派发展。德国从拿破仑时受军备限制，创为更番操练的方法，得了全国皆兵的效果。一战胜奥，再战胜法。这是已往时代，彼此都恃阴谋，不恃正义，自然阴谋程度较高的占胜了。但德国竟因此抱了个阴谋万能的迷信，遍布密探。凡德国人在他国作商人的，都负有侦探的义务。旅馆的侍者，菌圃的装置，是最著名的了。德国恃有此等侦探，把各国政策军备，都知道

1918年，女大学生们在生物实验室内做实验。

详细，随时密制那相当的大炮、潜艇、飞艇、飞机等，自以为所向无敌了，遂敢唾弃正义，斥条约为废纸，横行无忌。不意破坏比利时中立后，英国立刻与之宣战。宣告无限制潜艇政策后，美国又与之宣战。其他中立等国，也陆续加入协商国中。德国因寡助的缺点，空费了四十年的预备，终归失败。从此人人知道阴谋的时代早已过去，正义的力量真是万能了。

第三是武断主义消灭，平民主义发展。从美国独立，法国革命后，世界已增了许多共和国。国民虽知道共和国的幸福，然野心的政治家，很嫌他不便。他们看着各共和国中，法、美两国最大，但是这两国的军备都不及德国的强盛，两国的外交，又不及俄国的活泼。遂杜撰一个"开明专制"的名词，说是国际间存立的要素，全恃军备与外交。军备与外交，全恃武断的政府。此后世界全在德系、俄系的掌握。共和国的首领者若法若美且站不住，别的更不容说了。不意开战以后，俄国的战斗力，乃远不及法国。转因外交狡猾的缘故，貌亲英、法，阴实亲德，激成国民的反动，推倒皇室，改为共和国了。德国虽然多挣了几年，现在因军事的失败，喝破国民崇拜皇室的迷信，也起革命，要改共和国了。法国是大战争的当冲，美国是最新的后援，共和国的军队，便是胜利的要素。法国、美国都说是为正义人道而战，所以能结合十个协商的国，自俄国外，虽受了德国种种的诱惑，从没有单独讲和的。共和国的外交，也是这一回胜利的要素。现在美总统提出的十四条，有限制军备、公开外交等项，就要把德系、俄系的政策根本取消。这就是武断主义的末日，平民主义的新纪元了。

第四是黑暗的种族偏见消灭，大同主义发展。野蛮人止知有自己的家庭，见异族的人同禽兽一样，所以有食人的风俗。文化渐进，眼界渐宽，始有人类平等的观念。但是劣根性尚未消尽，德国人尤甚。他们看有色人种不能与白色人种平等，所以唱黄祸论，行"铁拳"政策。看犹太、波兰等民族不能与亚利安民族平等，所以限制他人权。彼等又看拉丁民族、盎格鲁撒克逊民族又不能与日耳曼民族平等，所以唱"德意志超过一切"，想先管理全欧，然后管理全世界。此次大战争，便是这等迷信酿成的。现今不是已经失败了么？更看协商国一方面，不但白种的各民族，团结一致，便是黄人、黑人也都加入战团，或尽力于战争需要的工作。义务平等，所以权利也渐渐平等。如爱尔兰的自治，波兰的恢复，印度民权的申张，美境黑人权利的提高，都已成了问题。美总统所提出的民族自决主义，更可包括一切。现今不是已占胜利了么？这岂不是大同主义发展的机会么？

世界的大势已到这个程度，我们不能逃在这个世界以外，自然随大势而趋了。我希望国内恃强权论的，崇拜武断主义的，好弄阴谋的，执著偏见想用一派势力统治全国的，都快快抛弃了这种黑暗主义，向光明方面去呵！

1918 年 11 月 15 日讲

为什么人人爱戴学生

　　人人都爱戴学生，敬重学生，然而为什么学生被人此样的爱戴、敬重，而别类人不能呢？因为学生是青年，别人是老年；青年旭日东升，老年暮气沉沉；青年染社会的恶习惯很少，老年人满身都是恶习惯。老年人暮气沉沉，所以觉得事事都不能为，人家也因之怨怒深恨。青年人旭日初升，又没有染着社会恶习惯，身心洁白，觉得事事都可以有为，所以人家因之而爱戴、敬重。诸位是青年学生，就要保存这点的好处；而况诸位是南洋青年学生的中心点。那样叫做中心点呢？就是责任最重大，人人都要拿你来做模范，做中心归束点。你好，人家也跟你来做好；你坏，人家也跟你去做坏。你一举一动，都与社会的好坏有莫大的关系。比方南京学校的中心点，就是高等师范；

北京学校的中心点，就是北京大学；而南洋学校的中心点，自然是南洋华侨中学。诸位既是中心点的学生，就要时时刻刻注意怎么样才能够做人家的中心点？去其所以不能做中心点的，就其所以能做中心点的，这就是元培所希望咧。

　　　　　　　　　　　　　1920年12月5日
　　　　　　　　　　　　过新加坡时的谈话

自由与放纵

合群

　　吾人在此讲堂，有四壁以障风尘；有案与椅，可以坐而作书。壁者，积砖而成；案与椅，则积板而成者也，使其散而为各各之砖与板，则不能有壁与案与椅之作用。又吾人皆有衣服以御寒。衣服者，积绵缕或纤毛而成者也，使其散而为各各之绵缕或纤毛，则不能有衣服之作用。又返而观吾人之身体，实积耳目手足等种种官体而成。此等官体，又积无数之细胞而成。使其散而为各各之官体，又或且散而为各各之细胞，则亦焉能有视听行动之作用哉?

　　吾人之生活于世界也亦然。孤立而自营，则冻馁且或难免；合众人之力以营之，而幸福之生涯，文明之事业，始有可言。例如吾等工业社会，其始固一人之手工耳。集伙授徒，而出品较多。合多数之人以为大工厂，而后能适用机械，扩张利益。合多数工厂之人，组织以为工会，始能渐脱资本家之压制，而为思患预防造福将来之计。岂非合群之效欤？

吾人最普通之群，始于一家。有家而后有慈幼养老分劳侍疾之事。及合一乡之人以为群，而后有守望之助，学校之设。合一省或一国之人以为群，而后有便利之交通，高深之教育。使合全世界之人以为群，而有无相通，休戚与共，则虽有地力较薄、天灾偶行之所，均不难于补救，而兵战商战之惨祸，亦得绝迹于世界矣。

舍己为群

积人而成群。群者，所以谋各人公共之利益也。然使群而危险，非群中之人，出万死不顾一生之计以保群，而群将亡。则不得已而有舍己为群之义务焉。

舍己为群之理由有二：一曰，己在群中，群亡则己随之而亡。今舍己以救群，群果不亡，己亦未必亡也；即群不亡，而己先不免于亡，亦较之群亡俱亡者为胜。此有己之见存者也。一曰，立于群之地位，以观群中之一人，其价值必小于众人所合之群。牺牲其一而可以济众。何惮不为？一人作如是观，则得舍己为群之一人；人人作如是观，则得舍己为群之众人。此无己之见存者也。见不同而舍己为群之决心则一。请以事实证之。一曰从军。战争，罪恶也，然或受野蛮人之攻击，而为防御之战，则不得己也。例如比之受攻于德，比人奋勇而御敌，虽死无悔，谁曰不宜？二曰革命。革命，未有不流血者也。不革命而奴隶于恶政府，则虽生犹死。故不惮流血而为之。例如法国一七八九年之革命，中国数年来之革命，其事前之鼓吹运动而被拘杀者若干人，临时奋斗而死伤者若干人，是皆基于舍己为群者也。三曰暗杀。暗杀者，革命之最简单手段也。歼魁而释从，惩一以儆百，而流血不过五步。古者如荆轲之刺秦王，近者如苏斐亚之杀俄帝尼科拉司第二，皆其例也。四曰为真理牺牲。真理者，和平之发见品也。然或为教会、君党、若贵族之所忌，则非有舍己为群之精神，不敢公言之。例如苏革拉底创新哲学，下狱而被鸩；哥白尼为新天文说，见仇于教皇；巴枯宁道无政府主义，而被囚被逐，是也。

其他如试演飞机、探险南北极之类，在今日以为敢死之事业，虽或由好奇竞胜者之所为，而亦有起于利群之动机者，得附列之。

自由与放纵

自由，美德也。若思想，若身体，若言论，若居处，若职业，若集会，无不有一自由之程度。若受外界之压制，而不及其度，则尽力以争之。虽流血亦所不顾，所谓"不自由，毋宁死"是也。然若过于其度，而有愧于己，有害于人，则不复为自由，而谓之放纵。放纵者，自由之敌也。

人之思想不缚于宗教，不牵于俗尚，而一以良心为准。此真自由也。若偶有恶劣之思想，为良心所不许，而我故纵容之，使积渐扩张，而势力遂驾于良心之上，则放纵之思想而已。

饥而食，渴而饮，倦而眠，卫生之自由也。然使饮食不节，兴寐无常，养成不良之习惯，则因放纵而转有害于卫生矣。

喜而歌，悲而哭，感情之自由也。然而里有殡，不巷歌，寡妇不夜哭，不敢放纵也。

言论可以自由也，而或乃讦发阴私，指挥淫盗；居处可以自由也，而或于其间为危险之制造，作长夜之喧嚣；职业可以自由也，而或乃造作伪品，贩卖毒物；集会可以自由也，而或以流布迷信，恣行奸邪：诸如此类，皆逞一方面极端之自由，而不以他人之自由为界，皆放纵之咎也。

昔法国之大革命，争自由也，吾人所崇拜也。然其时如罗伯士比及但丁之流，以过度之激烈，恣杀贵族，酿成恐怖时代，则由放纵而流于残忍矣。近者英国妇女之争选举权，亦争自由也，吾人所不敢菲薄也。然其胁迫政府之策，至于烧毁邮件，破坏美术品，则由放纵而流于粗暴矣。夫以自由之美德，而一涉放纵，则且流于粗暴或残忍之行为而不觉，可不慎欤？

《华工学校讲义》，有删改

读书与救国

　　今天承贵校校长费博士介绍，得来此参观，引为非常的荣幸！贵校的创设，有数十年的悠久历史，内中一切规模设备，甚是完美，不用说，这个学校是我们浙江惟一的最高学府，青年学子，不必远离家乡，负笈千里，即可求得高深学问，这可不是我们浙江青年的幸福吗？

　　我看贵校的编制，分文、理二科，这正合西洋各大学以文理为学校基本学科的本旨。我们大家晓得，攻文学的人，不独要在书本子里探讨，还当受大自然的陶熔。是以求学的环境，非常重要。请看英国牛津大学和美国哥伦比亚大学，他们都设在城外风景佳绝之地。因此，这两个学校里产生的文学巨子，亦较别校为多。贵校的校址，负山带河，面江背湖，空气固是新鲜，风景更属美丽。诸位求学于如此山明水秀之处所，自必兴趣丛生，收事半功倍之效。所以我很希望你们当中学文科的人，能多多造成几位东方之文学泰斗。

印度文明，太偏重理想，不适合于二十世纪的国家。现在是科学竞争时代，物质万能时代。世界上的强国，无不是工业兴隆，对于声光化电的学问，研究得至微至细的。什么电灯啦，电报啦，轮船啦，火车啦，这些有利人类的一切发明，皆外人贡献的。我们中国就是本着古礼"来而不往，非礼也"的公式，也应该有点发明，与世界各国相交换才是。这个责任，我希望贵校学理科的诸位，能自告奋勇地去担负起来。

现在国内一般人们，对于收回教育权的声浪，皆呼得非常之高，而我则以为这个时期还没到。试问国立的几所少数学校，是否能完全容纳中国的学生，而使之无向隅之憾呢？中国目下的情形，是需要人材的时候，不应该拘执于微末之争。至云教会学校的学生，对于爱国运动很少参加，便是无爱国的热忱，这个见解更是错了。学生在求学时期，自应惟学是务，朝朝暮暮，自宜在书本子里用功夫。但大家不用误会，我并不是说学生应完全的不参加爱国运动，总要能爱国不忘读书，读书不忘爱国，如此方谓得其要旨。至若现在有一班学生，借着爱国的美名，今日罢课，明日游行，完全把读书忘记了。像这样的爱国运动，是我所不敢赞同的。

我在外国已有多年，并未多见罢课的事情。只有法国一个高等学堂里，因换一教员，同时有二人欲谋此缺，一新派，一旧派，旧派为保守党，脑筋旧，所以政府主用新人物，因此相争，旧派乃联络全城的高等学校罢课。当时西人认为很惊奇的一回事。而我国则不然，自"五四"以后，学潮澎湃，日胜一日，罢课游行，成为司空见惯，不以为异。不知学人之长，惟知采人之短，以致江河日下，不可收拾，言之实堪痛心啊！

总之，救国问题，谈何容易，决非一朝一夕，空言爱国，不可以生效的。从前勾践雪耻，也曾用"十年生聚，十年教训"的功夫，而后方克遂志，所以我很希望诸位如今在学校里，能努力研究学术，格外穷理。因为能在学校里多用一点功夫，即为国家将来能多办一件事体。外务少管些，应酬以适应环境为是，勿虚掷光阴。宜多多组织研究会，常常在试验室里下功夫。他日学成出校，为国效力，胸有成竹，临事自能措置裕如。一校之学生如是，全国各学校之学生亦如是，那末中国的前途，便自然一天光明一天了。

1927年3月12日讲

在杭州之江大学演说词

学校是为研究学术而设

今天是艺术院补行开学式。大学院为什么在这个时候、这个地方设立艺术院？平常，西湖有很多的人来，远些来的人，可分两种：一是游览，一是为烧香。游览的人，是因为西湖风景很美丽，天气很温和，所以相率来游，以满足其私人的爱美欲望。一种是烧香的人，烧香的人为什么一定要来西湖拜佛呢？西湖的寺庙最多，所以他们都来了。但是为什么这些寺庙都建筑在风景美好的湖山之中呢？宗教是靠人心信仰而存在的，但是宗教是空空渺渺的，不能使人都信，永久维持着他的势力，故必须借着优美的山林，才能无形之中引诱一般人来信他的，一般人之所以拜佛，而又必定相率来西湖的，虽其信心觉得是为佛而来，实际上他们的潜在主因，仍就是为西湖的风景好才来的，也就是因为借此能满足他们的爱美欲望才来的。自然美不能完全满足人的爱美欲望，所以必定要于自然美外有人造美。艺术是创造美的、实现美的，西湖既有自然美，必定要再加上人造美，所以大学院在此地设立艺术院。宗教是靠着自然美，而维持着他们的势力存在。现在要以纯粹的美来唤醒人的心，就是以艺术来代宗教。因为西湖的寺庙最多，来烧香的人也最多，所以大学院在西湖设立艺术院，创造美，使以后的人都移其迷信的心为爱美的心，借以真正的完成人们的生活。

现在最重要的是北伐，有人以为在这紧张的时候，不必马上设立艺术院。但事实上，大家的革命主要目的，不纯在消极的打倒军阀，抵御外人的侵略，而在三民主义的积极建设起来。三民主义，无非为民生而设，总理四十年的革命，可说最后的目的是在民生问题。但文化与物质生活之改造同时重要。原始的人类，于艰难苦斗的生活中，仍有纹身、雕刻、装饰器物的精神生活之需要，可见文化与物质生活同时发生，同样重要。生活问题既有物质与精神的两种，那末我们为民生问题而有的国民革命，必须于打倒阻碍民生进行的北伐工作之外，同时兼到精神上的建设，将来方能有完满的成功。再就目前事实上说，我们的北伐军也必须有美的、纯然无私的、勇敢的艺术精神，然后才能真的胜利。如法国人的在欧洲大战，因他们以前有艺术的陶养，故有那样从容不迫的精神。

大学院看艺术与科学一样重要。艺术能养成人有一种美的精神，纯洁的人格。艺术美，照日本人译来的西洋语有两种：一是优美，一是壮美。优美能使人和蔼，安静，对于一切能持静，遇事不乱，应付裕如。壮美使人有如受压迫，如瞻望高山，观览广洋狂涛，使人感到压迫，因而有反抗，勇往直前，一种大无畏的精神，奋发的情感。法国在优美之中养育，故不怕一切，虽强兵临于巴黎近郊，而仍能从容不迫，应付敌人。德人则壮美，他们做事，一往直前，气盖一世。我们北伐军必须有这两种精神，才能一切胜利。现在北伐军中有艺术科，也就是想以艺术精神来陶养军人，使他们有美的、纯然无私的勇敢精神，使北伐胜利。

人类有两种欲望：一是占有欲，一是创造欲。占有欲属于物质生活，为科学之事。创造欲为纯然无私的，归之于艺术。人人充满占有欲，社会必战争不已，紊乱不堪，故必有创作欲，艺术以为调剂，才能和平。艺术纯以创作为主，无现实上的一切因占有欲而起的束缚，艺术家不要名誉、财产，不迎合社会，因此中外的艺术家，每每一生很苦。中国古话说：文人贫而后工。并不是贫而后工，是去掉了一切个人的、现实的私欲，而能纯以创造为主才工。大学院设立艺术院，纯粹为提倡此种无私的、美的创造精神。所以艺术院不在学生多少，而在能创造。能创作，就是一个学生也可以。不能创作，一百、一千个学生也没有用。艺术院的林先生及教职员，他们都是有创作能力的人，希望他们自己去创作，不要顾到别的。

大家要认明白，艺术院不但是教学生，仍是为教职员创作而设的。学生愿意跟他们创作的就可以进来，不然不必来这里。这次的风潮，不是真的学生，是有别的政治作用，已经为浙江省政府除去。你们可以安心上课，教职员努力创作。不愿跟着教职员创作的学生，想作别的政治活动的学生，可以离开这里，到别处去，到社会上去做政客，不要妨碍他们创作。总之，艺术院是纯为艺术的，有天才能创作的学生一万不为多，一个不为少。

来宾、新闻记者也请注意：学校为纯粹的学术机关，神圣之地，一个学生没有也不要紧；教职员能创作，一样可以办下去。不要以为学生少了，就不成学校，这一点大家不要误会了。艺术院的教职员诸先生，要大家一致的努力创作，不要看见发生了一点小事，就怕起来。嗣后再有什么不正当的活动，有浙江省政府来防御、制止。学生要安心上课，教职员诸先生一致创作，供之于社会，这是大学院所最希望的。

1928 年 4 月 16 日发表
在西湖国立艺术院开学式演说词

关于妇女节的感想

　　为什么我们要特别提出国际妇女节？这是因为世界上全体妇女有一种问题要求解决。这一种问题，既然关于妇女界全体，那就是与男子相对待的问题，就是男女平权的问题了。

　　男女平权，不但我们妇女所标榜，就是开明一点的男子，也何尝不是这样主张？但是主张了几十年，在政治上，妇女在立法、行政上效力者有若干人？在经济上，妇女能独立者有若干人？在教育上，妇女服务于初等或中等教育的虽日渐加多，而在高等教育上，如法国居利夫人的有若干人？科学的发明，文学艺术的贡献，固亦有若干妇女，并不逊于男子，然而人数的多少，尚不能相等。所以，男女平权的主张，现在还是准备时期，不是完成时期。

准备的方法，固然要向政治、经济、教育、学艺方面同时并进，而最要关键，则在妇女界互相亲爱，同心协力，来把自身最切要的问题，作一个总解决。

在家庭中，做母亲的，果没有偏爱男儿、薄视女儿的么？乡间尚有养媳妇的制度，有几个是不受苛待的？妯娌间、姑嫂间，果没有争执意气、挑拨是非的么？各机关、各商店的女同事，果没有因竞争生存而互相嫉妒、互相倾

民国时期，时有在读的年轻恋人结婚，"溜达溜达在湖边"谈恋爱的景象也屡见不鲜。

轧的么？畜婢为法令所禁，但屡有私置而虐待的新闻；有犯罪嫌疑的女子，未判决前，为什么偏受管狱老妇的虐待？娼妓是最不幸的，贩卖的虽有时由于男子，而多为鸨妇所逼勒。总之，不幸的妇女受害于男子的固多，但是受害于妇女的也不在少数。我们若在自己妇女界里面，若还没有达到互相亲爱、一体平等的状况，我们怎么责备他们这些男子呢？

我因为妇女节的名义，第一感觉到的，是妇女界自己要实行平等，真有天下一家、中国一人的样子。那时候，对于妇女界所需要解决的问题，用全体的力量来解决他，还怕不能解决么？这个问题解决了，合全世界人类都是一家、一人的样子，连妇女节名义都可以不要，那就是妇女节的大成功了。

1929 年 3 月 8 日讲
三八妇女节演说词

中华民族与中庸之道

我等所生活的世界，是相对的，而我人恒取其平衡点。例如在生理上，循环系动脉与静脉相对而以心脏为中点，消化系吸收与排泄相对而以胃为中点。在心理概念上，就空间言，有左即有右，有前即有后，有上即有下，而我等个人即为其中心。以时间言，有过去即有将来，而我人即以现在为中点。这都是自然而然，谁也不能反对的。在行为上，也应有此原则，而西洋哲学家，除雅里士多德曾提倡中庸之道外（如勇敢为怯懦与卤莽的折中，节制为吝啬与浪费的折中等），鲜有注意及此的；不是托尔斯泰的极端不抵抗主义，便是尼采的极端强权主义；不是卢梭的极端放任论，就是霍布斯的极端干涉论；这完全因为自希腊民族以外，其他民族性，都与中庸之道不投合的缘故。独我中华民族，凡持极端说的，一经试验，辄失败；而为中庸之道，常为多数人所赞同，而且较为持久。这可用两种最有权威的学说来证明他：一是民元十五年以前二千余年传统的儒家，一是近年所实行的孙逸仙博士的三民主义。

儒家所标举以为模范的人物，始于四千年前的尧、舜、禹，而继以三千五百年前的汤，三千年前的文、武。《论语》记尧传位于舜，命以"允执厥中"。舜的执中怎样？《礼记·中庸》篇说道："舜好察迩言，执其两端，用其中于民。"《尚书》说舜以曲乐的官司教育，命他教子弟要"直而温，宽而栗，刚而无虐，简而无傲"。直宽与刚简，虽是善德，但是过直就不温，过宽就不栗，过刚就虐，过简就傲，用温、栗、无虐、无傲作界说，就是中庸的意思。舜晚年传位于禹，也命他允执厥中。禹的执中怎样？孔子说："禹菲饮食而致孝乎鬼神，恶衣服而致美乎黻冕，卑宫室而尽力乎沟洫。"若是因个人衣食住的尚俭而对于祭品礼服与田间工事都从简率，便是不及；又若是因祭品礼服与田间工事的完备，而对于个人的衣食住也尚奢侈，便是太过；禹没有不及与过，便是中庸。汤的事迹，可考的很少，但孟子说："汤执中"，是与尧、舜、禹一样。文、武虽没有中庸的标榜，但孔子曾说："张而弗弛，文、武弗能也；弛而弗张，文、武弗为也；一张一弛，文武之道也。"是文、武不肯为张而弗弛的太过，也不肯为弛而弗张的不及，一张一弛，就是中庸。至于儒家的开山孔子曾说："道之不行也，贤者过之，不肖者不及也；道之不明也，知者过之，愚者不及也。"又尝说："过犹不及。"何等看重中庸！又说："质胜文则野，文胜质则史，文质彬彬，然后君子。"是求文质的中庸。又说："君子之于天下也，无适也，无莫也，义之与比。"又说"我无可无不可"，是求可否的中庸。又说："君子惠而不费，劳而不怨，欲而不贪，泰而不骄，威而不猛。"他的弟子说："孔子温而厉，威而不猛，恭而安。"这都是中庸的态度。孔子的孙子子思作《中庸》一篇，是传祖训的。

在儒家成立的时代，与他同时并立的，有极右派的法家，断言性恶，取极端干涉论；又有极左派的道家，崇尚自然，取极端放任论。但法家的政策，试于秦而秦亡；道家的风习，试于晋而晋亡。在汉初，文帝试用道家，及其子景帝，即改用法家，及景帝之子武帝，即罢黜百家，专尊孔子，直沿用至清季。可见极右派与极左派，均与中华民族性不适宜，只有儒家的中庸之道，最为契合，所以沿用至二千年。现在国际交通，科学输入，于是有新学说继儒家而起，是为孙逸仙博士的三民主义。

三民主义虽多有新义，为往昔儒者所未见到，但也是以中庸之道为标准。例如持国家主义的，往往反对大同；持世界主义的，又往往蔑视国界，这是两端的见解。而孙氏的民族主义，既谋本民族的独立，又谋各民族的平等，是为国家主义与世界主义的折中。尊民权的或不愿有强有力的政府，强有力的政府又往往蹂躏民族，这又是两端的见解。而孙氏的民权主义，给人民以四权，专关于用人、制法的大计，谓之政权；给政府以五权，关于行政、立法、司法、监察、考试等庶政，谓之治权；人民有权而政府有能，是为人民与政府权能的折中。持资本主义的，不免压迫劳动；主张劳动阶级专政的，又不免虐待资本家；这又是两端的见解。而孙氏的民生主义，一方面以平均地权、节制资本，防资本家的专横；又一方面行种种社会政策，以解除劳动者的困难。要使社会上大多数的经济利益相调和而不相冲突，这是劳资间的中庸之道。其他保守派反对欧化的输入，进取派又不注意国粹的保存；孙氏一方面主张恢复固有的道德与智能，一方面主张学外国之所长，是为国粹与欧化的折中。又如政制上，或专主中央集权，或专主地方分权，而孙氏则主张中央与地方之权限，采均权制度。凡事务有全国一致之性质的，划归中央；有因地制宜之性质的，划归地方；不偏于中央集权或地方分权，是为集权与分权的折中。其他率皆类此。

⋯⋯⋯⋯⋯

1930 年 11 月 20 日讲
在亚洲学会演说词，有删改

孔子之精神生活

　　精神生活，是与物质生活对待的名词。孔子尚中庸，并没有绝对的排斥物质生活，如墨子以自苦为极，如佛教的一切惟心造；例如《论语》所记"失饪不食，不时不食"，"狐貉之厚以居"，谓"卫公子荆善居室"，"从大夫之后，不可以徒行"，对衣食住行，大抵持一种素富贵行乎富贵、素贫贱行乎贫贱的态度。但使物质生活与精神生活在不可兼得的时候，孔子一定偏重精神方面。例如孔子说："饭疏食，饮水，曲肱而枕之，乐亦在其中矣。不义而富且贵，于我如浮云。"可见他的精神生活，是决不为物质所摇动的。今请把他的精神生活分三方面来观察。

　　第一，在智的方面。孔子是一个爱智的人，尝说："盖有不知而作之者，我无是也。多闻，择其善者而从之；

多见而识之。"又说："多闻阙疑"，"多见阙殆"，又说："知之为知之，不知为不知，是知也。"可见他的爱智，是毫不含糊，决非强不知为知的。他教子弟通礼、乐、射、御、书、数的六艺，又为分设德行、言语、政事、文学四科，彼劝人学诗，在心理上指出"兴""观""群""怨"，在伦理上指出"事父""事君"，在生物上指出"多识于鸟兽草木之名"。（他如《国语》说，孔子识肃慎氏之石砮，防风氏骨节，是考古学；《家语》说，孔子知萍实，知商羊，是生物学；但都不甚可信。）可以见知力范围的广大。至于知力的最高点，是道，就是最后的目的，所以说："朝闻道，夕死可矣。"这是何等的高尚！

第二，在仁的方面。从亲爱起点，"泛爱众，而亲仁"，便是仁的出发点。他的进行的方法用恕字，消极的是"己所不欲，勿施于人"，积极的是"己欲立而立人，己欲达而达人"。他的普遍的要求，是"君子无终食之间违仁，造次必于是，颠沛必于是"。他的最高点，是"伯夷、叔齐，古之贤人也，求仁而得仁，又何怨？""志士仁人，无求生以害仁，有杀身以成仁。"这是何等伟大！

第三，在勇的方面。消极的以见义不为为无勇，积极的以童汪踦能执干戈卫社稷可无殇。但孔子对于勇，却不同仁、智的无限推进，而时加以节制。例如说："小不忍则乱大谋。""一朝之忿，忘其身以及其亲，非惑软？""好勇不好学，其蔽也乱。""君子有勇而无义为乱，小人有勇而无义为盗。""暴虎冯河，死而无悔者，吾不与焉，必也临事而惧，好谋而成者也。"这又是何等的谨慎！

孔子的精神生活，除上列三方面观察外，尚有两特点：一是毫无宗教的迷信，二是利用美术的陶养。孔子也言天，也言命，照孟子的解释，莫之为而为是天，莫之致而至是命，等于数学上的未知数，毫无宗教的气味。凡宗教不是多神，便是一神；孔子不语神，敬鬼神而远之，说"未能事人，焉能事鬼？"完全置鬼神于存而不论之列。凡宗教总有一种死后的世界；孔子说："未知生，焉知死？""之死而致死之，不仁而不可为也；之死而致生之，不知而不可为也"；毫不能用天堂地狱等说来附会也。凡宗教总有一种祈祷的效验，孔子说"丘之祷久矣"，"获罪于天，无所祷也"，毫不觉得祈祷的必要。所以孔子的精神上，毫无宗教的分子。

孔子的时代，建筑、雕刻、图画等美术虽然有一点萌芽，还算是实用与装饰的工具，而不信为独立的美术；那时候认为纯粹美术的是音乐。孔子以乐为六艺之一，在齐闻韶，三月不知肉味。谓："韶尽美矣，又尽善也。"对于音乐的美感，是后人所不及的。

孔子所处的环境与二千年后的今日，很有差别；我们不能说孔子的语言到今日还是句句有价值，也不敢说孔子的行为到今日还是样样可以做模范。但是抽象的提出他精神生活的概略，以智、仁、勇为范围，无宗教的迷信而有音乐的陶养，这是完全可以为师法的。

1936年9月发表